Richard Templar

泰普勒法则丛书

Pearson

管理

做最重要的事

原书第5版
Fifth Edition

[英] 理查德·泰普勒 著
高宏 译

The Rules of Management

机械工业出版社
CHINA MACHINE PRESS

Authorized translation from the English language edition, entitled The Rules of Management (Fifth Edition), ISBN 978-1292435763 by Richard Templar, Copyright Pearson Education Limited 2022 (print and electronic).

This Licensed Edition The Rules of Management (Fifth Edition), is published by arrangement with Pearson Education Limited.

All rights reserved. No part of this book may be reproduced or transmitted in any form or by any means, electronic or mechanical, including photocopying, recording or by any information storage retrieval system, without permission from Pearson Education Limited.

Chinese simplified language edition published by China Machine Press, Copyright © 2023.

本书中文简体字版由Pearson Education（培生教育出版集团）授权机械工业出版社在中国大陆地区（不包括香港、澳门特别行政区及台湾地区）独家出版发行。未经出版者书面许可，不得以任何方式抄袭、复制或节录本书中的任何部分。

本书封底贴有Pearson Education（培生教育出版集团）激光防伪标签，无标签者不得销售。

北京市版权局著作权合同登记号　图字：01-2022-5397。

图书在版编目（CIP）数据

管理：做最重要的事：原书第5版 /（英）理查德·泰普勒（Richard Templar）著；高宏译. —北京：机械工业出版社，2023.11（2024.5重印）

书名原文：The Rules of Management，Fifth Edition

ISBN 978-7-111-74181-7

Ⅰ. ①管… Ⅱ. ①理… ②高… Ⅲ. ①企业管理 Ⅳ. ①F272

中国国家版本馆CIP数据核字（2023）第210467号

机械工业出版社（北京市百万庄大街22号　邮政编码100037）
策划编辑：坚喜斌　　　　　责任编辑：坚喜斌　陈　洁
责任校对：李可意　张　薇　责任印制：张　博
北京联兴盛业印刷股份有限公司印刷
2024年5月第1版第2次印刷
145mm×210mm・8.5印张・1插页・181千字
标准书号：ISBN 978-7-111-74181-7
定价：59.00元

电话服务　　　　　　　　　网络服务
客服电话：010-88361066　　机　工　官　网：www.cmpbook.com
　　　　　010-88379833　　机　工　官　博：weibo.com/cmp1952
　　　　　010-68326294　　金　书　网：www.golden-book.com
封底无防伪标均为盗版　　　机工教育服务网：www.cmpedu.com

前　言

管理真是让人匪夷所思。在做人生规划时，几乎没人一开始就想以此为人生目标，可大多数人都会发现自己在某个时候干上了管理的事。

职业顾问：离开学校后你想做什么？

16 岁的咨询者：我想成为一名管理者。

这种对话发生在你身上过吗？没有，也没在我身上发生过。可是，不管怎样，你还是成了一名管理者。

当你成为管理者后，人们就会对你产生各种期望，恨不得你能集各种角色于一身：你是力量的源泉，是领导人和创新家，是魔术师（一抖帽子就会瞬间变出很多东西：涨工资，随时都有各种资源和更多员工），是和善的叔叔／阿姨，是可以让人靠着哭泣的肩膀，是活力满满的激励者，是严厉但又公正的法官，是外交家、政客、炼金术师（不，这和魔术师完全是两回事）、保护者。

你要对一大帮人负责：这些人可能根本不是你挑选出来的，你可能不喜欢他们，甚至跟他们毫无共同之处，他们或许也不太喜欢你，可你却必须哄着他们，好让他们像样地完成一天的工作。不仅如此，你还要对他们的身心健康和安全负责，要照顾他们，要给他们带来情感上的安全感。你必须确保他们不伤害自己，也不互相伤害。你还必须确保他们能按照行业法规来开展自己的工作。

你必须了解你的权利、他们的权利、公司的权利和工会的权利。

而且，除了这一切，人们还期待你把自己的本职工作做好。

哦，对了，你还得保持冷静、镇定——不能大喊大叫，不能扔东西，也不能有偏好。管理这件事难度可真大！

你要负责照顾一个团队，让他们发挥最大的作用。团队成员有时候表现得像个小孩子——你还不能打他们⊖（甚至都不能解雇他们）。有时候他们表现得像青春期的孩子一样任性——睡得晚、不来上班，或者磨洋工、提前溜掉，等等。

我跟你一样，也管理过团队（最多一次管理过100人）。我要记住这些人的名字，还要记住他们的各种小怪癖和特殊需求：希瑟不能在周二加班，因为她要把她的女儿从学前班接出来；特雷弗是色盲，所以必须考虑如何在贸易展上给他分派任务；如果让曼迪在午餐时间接电话，她就会生闷气，会害得我们失去客户；克里斯在团队中表现很出色，但缺乏内在动力，不能单独做任何事情；雷喝酒，绝不能让他开车去任何地方。

身为管理者，你还要充当高级管理层和你的员工之间的缓冲区。上面可能会给你下达一些荒谬的任务，可你却必须：①努力向团队传达；②不能发牢骚，也不能嘲笑；③不管任务多么荒谬，动员团队接受它。

你还得给"今年不加薪"找个合理的理由，即使它已经彻底打击了你的团队的积极性。你必须对你知道的所有关于接管、兼并、收购、秘密交易等方面的信息保密，尽管谣言四起，团队成

⊖ 我知道不能打孩子。我只是在阐明观点。

员不断向你询问。

你不仅要对人负责，还要对预算、纪律、沟通、效率、法律事务、工会事务、健康和安全事务、人事事务、养老金、考勤、查岗和离职礼物、轮值表、行业标准、消防演习、急救、空气净化、供暖、管道修理、停车位、照明、文具、资源以及茶水和咖啡负责。这还不算，还有客户这个小问题。

你还不得不与其他部门、其他团队、客户、上级、高层管理人员、董事会、股东和会计部门（当然，除非你是会计部门的经理）周旋甚至斗争。

你还要当团队的楷模，这意味着你必须做得面面俱到：准时、坦率、衣着整洁、勤奋、晚退、早起、保持中立、负责、有爱心、知识渊博、无可指责。太苛刻了。

你还需要接受一点，那就是，作为管理者，你可能会遭到奚落和嘲笑，可能会被当成一个喜欢操控和从中作梗的文员，可能会被员工、股东和／或公众评判为无能，他们甚至会认为你完全是多余。㊀

而你想的只是做好你的工作。幸运的是，我这里有一些方法和技巧，它们可以让你的管理工作游刃有余、硕果累累，让你遇难呈祥。这就是本书中一些不成文的、未曾公开的法则。如果你

㊀ 如果这一切让你对当一名管理者感到有点灰心，那就不要这样。管理者可是要让世界运转起来的人。管理者可以领导、鼓舞、激励、引导、塑造未来，可以为企业和人们的生活带来改变，可以对世界的现状做出真正的积极贡献。管理者不仅可以成为解决方案的一部分，而且可以提供解决方案本身。管理者集各种角色于一身，是警长、元帅和护林员，是引擎，是船长。这是一个了不起的角色，你应该好好享受，只是这个角色有时很难扮演。

想在这个游戏中领先一步，就好好遵守它们吧。

管理是一门艺术，也是一门科学。这方面的教科书有的有上千页，专门介绍如何做好管理；这方面的培训课程也数不胜数（你可能已经参加过几次）。然而，这些教科书和培训课程中都不包含各种各样的"不成文"的管理法则，而恰恰是这些法则能使你成为一个优秀的、卓有成效的、体面的管理者。无论你是只负责一两个人还是负责几千个人，这些法则都适用。

你会发现，本书里的所有内容你都并不陌生。即使你之前不知道，读完后你也会说："这不是明摆着的嘛！"是啊，如果你能认真思考的话，的确会发现一切确都是明摆着的。但是，当下的生活节奏太快，每天我们都在忙乱和勉强应对中度过。所以，你最近或许没想过这些，而你有没有按这些法则来做就更不好说了。

我把这些法则分为两部分：

- 管理团队。
- 管理自己。

在我看来，这很简单。这些法则并不是按重要性的顺序排列的，排在前面的法则并不比排在后面的法则更重要，反之亦然。你需要先阅读这些法则，然后将其付诸实践。可以从那些你觉得最容易的开始。它们当中有很多是重叠的，这样你就可以不知不觉地同时运用好几条法则。我相信，不久之后，你就会变成另外一副样子：很酷、很放松、很自信、很有主见、运筹帷幄、管理能力高超、一切尽在掌控之中。就在不久前，你还在肩负重任、埋头苦干、背水一战、密切注意各种动向，所以这个进步可真不小。你做得很棒。

在开始之前，让我们花一两分钟来明确我们所有人对"管理"这个词的理解。这样做很值得，但这并不像听起来那么容易。在我看来，每个人都是管理者——我们这些父母、自由职业者、企业家、雇员，甚至包括财富继承者。我们都必须"管理"些什么？有时要管理的可能只是我们自己，但我们仍然要应对各种问题，要充分利用现有资源来激励、计划、处理、促进、监测、衡量成功、设定标准、做预算、执行、开展工作。只不过有些人必须在更大规模的团队中做这些事情，但基本的内容没什么差别。

哈佛商学院将管理者定义为"通过他人获得结果的人"。伟大的管理顾问彼得·德鲁克（Peter Drucker）表示，经理是"负责计划、执行和监督的人"；而澳大利亚管理学院对管理者的定义是"为实现某个结果而计划、领导、组织、授权、控制、评估和做预算的人"。我接受这些定义。

我们都是管理者，都必须进行管理工作，无论我们认为它以何种形式或形态出现。任何能让我们的生活变得更简单的事物都是对我们的奖励。本书会讲述一些简单的管理法则，它们并不卑鄙狡诈，而是极其光明正大。事实上，这些法则都是显而易见的。但是，如果你仔细思考每一条法则，并不折不扣地执行它们，就会惊奇地发现：它们将给你的工作和生活带来巨变。

本书中的所有内容可能对你并不陌生，但你做到了吗？我写本书的目的便是激励你将已经掌握的知识付诸实践。

理查德·泰普勒

目 录

前 言

第一章 管理团队

法则 001	让成员从情感上参与进来	003
法则 002	了解团队是什么及团队的运行机制	005
法则 003	设立现实的目标（要特别现实）	007
法则 004	明确会议目标	009
法则 005	会议要高效	011
法则 006	会议要有趣	014
法则 007	让团队成员比你更优秀	016
法则 008	认清自己的重要性	018
法则 009	设立边界	020
法则 010	做好精简的准备	022
法则 011	尽可能地减负（至少要敢于尝试）	024
法则 012	允许团队成员犯错	026
法则 013	接受团队的局限性	028
法则 014	鼓励团队	030
法则 015	要知人善任	032
法则 016	要慧眼识珠	034
法则 017	要勇于承担责任	036
法则 018	该表扬时就要表扬	038

法则 019	为团队获取最佳资源	040
法则 020	庆祝	042
法则 021	对自己的一言一行要保留记录	044
法则 022	对团队内部的摩擦要敏感	046
法则 023	创造良好的氛围	048
法则 024	激发忠诚度和团队精神	050
法则 025	疑人不用,用人不疑	052
法则 026	尊重个体差异	054
法则 027	听取他人的意见	056
法则 028	根据不同团队成员的特点变换自己的管理风格	058
法则 029	让团队成员以为自己比你懂得多(即使并非如此)	060
法则 030	最后不一定总是你说了算	062
法则 031	了解他人的角色	064
法则 032	确保员工清楚地知道你对他们的期望	066
法则 033	要有明确的期望	068
法则 034	采用积极的强化手段	070
法则 035	不要试图为愚蠢的系统辩护	072
法则 036	准备好接受新想法	074
法则 037	训练员工给你带来解决方案,而不是问题	076

第二章 管理自己

法则 038	努力工作	081
法则 039	设定标准	083
法则 040	享受工作	085
法则 041	别让工作影响你	087

法则 042	知道自己应该做什么	089
法则 043	知道自己实际上在做什么	091
法则 044	珍惜你的时间	093
法则 045	要主动出击，不要被动出击	095
法则 046	要保持一致	097
法则 047	为自己设定现实的目标	099
法则 048	有个计划，但要保密	101
法则 049	去掉多余的法则	103
法则 050	在犯错中学习	105
法则 051	不能刻舟求剑	107
法则 052	少说废话，分清主次	109
法则 053	结交圈子里的人	111
法则 054	知道何时把门踢上	113
法则 055	有效地利用时间，让时间盈利	115
法则 056	要有B计划和C计划	117
法则 057	利用机遇（有运气的成分，但永远不要承认）	119
法则 058	认识到自己处于压力之下	121
法则 059	管理自身健康	123
法则 060	准备好接受痛苦和快乐	125
法则 061	面对未来	127
法则 062	要抬头，不要低头	129
法则 063	既要见木，也要见林	131
法则 064	知道何时该放手	133
法则 065	要果断，即使有时这意味着你错了	135
法则 066	采用极简主义的管理风格	137

法则 067	心中有一块蓝色牌匾	139
法则 068	有原则并坚持原则	141
法则 069	遵循直觉	143
法则 070	要有创造性	145
法则 071	不要停滞不前	147
法则 072	要灵活，做好转行准备	149
法则 073	牢记目标	151
法则 074	记住：并非非你不可	153
法则 075	回家	155
法则 076	不断学习（尤其是向对手学习）	157
法则 077	要有激情，要大胆	159
法则 078	做最坏的打算，但怀有最好的期望	161
法则 079	让公司看到你的支持	163
法则 080	不要说上司的坏话	165
法则 081	不要说团队的坏话	167
法则 082	上司让你做的事可能是错的，接受这一事实	169
法则 083	有时上司跟你一样害怕，接受这一事实	171
法则 084	摆脱"紧身衣"式思考	173
法则 085	行动和说话方式要更上一层楼	175
法则 086	如有疑问，多提问	177
法则 087	表明你理解下属和上司的观点	179
法则 088	增加价值	181
法则 089	不要退缩，要坚持自己的立场	183
法则 090	不要玩弄权术	185
法则 091	不要诋毁其他经理	187

法则 092	大方地分享	189
法则 093	不要恐吓员工	191
法则 094	远离部门战争	193
法则 095	让团队成员知道，你会誓死捍卫他们的利益	195
法则 096	争取得到尊重，而不是喜爱	197
法则 097	把一两件事做好，心无旁骛	199
法则 098	寻求对你的表现的反馈	201
法则 099	保持良好的人际关系和友谊	203
法则 100	在你和客户之间建立尊重（双向尊重）	205
法则 101	为客户尽心尽力	207
法则 102	意识到自己的责任	209
法则 103	任何时候都要直言不讳、说真话	211
法则 104	不要偷工减料（会被发现的）	213
法则 105	找到知音	215
法则 106	掌控、指挥	217
法则 107	做公司的形象大使	219

第三章 附加法则：创业者法则

法则 001	不要借钱	223
法则 002	找到平衡	226
法则 003	为最坏情况做好打算	229
法则 004	明确公司的使命	231
法则 005	要绝对诚实	233
法则 006	尽量获取所有帮助	235
法则 007	创建强大的企业文化	238

法则 008	不要凡事都同意	240
法则 009	坚持自己的决定	242
法则 010	你的时间就是大家的时间	244

第四章 写在最后

第五章 其他不可错过的人生智慧

让你的工作受到关注 ………………………………………… 253
任何人都可以成为富人——你只需努力 ……………………… 255
没人非得跟你一样 …………………………………………… 257

第一章

管理团队

我们都要与人共事。我们可以将这种合作形式称为团队、部门、小队、小组、集体——无须太精确，名称并不重要。管理者常常会犯一个错误，认为自己管理的是人，他们把人当成自己的工具和可以使用的资源。让你的员工成功，你就是成功的管理者——至少理论上如此。

　　可惜，这只是个神话。我们需要看清楚，管理者的真正角色是管理过程，而非管理人。人是可以进行自我管理的，如果你放手让他们这样做的话。管理的实质是策略，我们要把重心放在这上面，而团队只是实现这一目的的手段。如果你手下的人都被机器取代（有多少人没祈祷过这能成真），我们仍然得有个策略，依旧要对过程进行管理。

　　当然，身为管理者，我们必须与有血有肉的、活生生的人共事，了解他们的动机是什么、有什么想法和感受、为何来上班、为何兢兢业业（或消极怠工）、害怕什么、有什么希望和梦想。我们必须鼓励他们、培训他们，为他们提供工作和自我管理所需要的资源，监督他们的工作过程并为他们制定策略。我们会为他们担心，会照料他们，会站在他们的立场上支持他们，但我们不会管理他们；相反，我们会让他们管理自己，而我们要做的便是专注地扮演好管理者这一真正角色。

法则 001

让成员从情感上参与进来

你管理的是人。他们完成工作，拿到酬劳。但是，如果工作对他们来说"只是一份工作"，你就永远无法对他们人尽其用。如果他们只想打卡上班、准点下班，这之间能少干则少干，那么我的朋友，你注定要失败。相反，如果他们上班是为了让自己开心，希望能在工作中得到锻炼、挑战和激励，并全身心地投入到工作中，那么你就有很大机会对他们人尽其用。是任由他们磨洋工，还是把他们变身为超级团队，这一切都取决于你。你必须启发他们、领导他们、激励他们、给他们挑战，必须让他们投入情感。

很好，你也喜欢挑战，对吧？好消息是，让团队成员投入情感其实很容易。你要做的就是让他们认真对待自己的工作，而这并不难。你要让他们看到工作的意义：如何对他人的生活产生影响，如何满足他人的需求，如何能通过工作来接触、感动他人。你要让他们相信（你说的当然是真的），除了帮老板或股东赚钱，或者让首席执行官拿到丰厚的薪资，他们同时也在以某种方式为社会做贡献。

是的,我知道,如果你管理的是一个护士团队而不是广告销售团队,就很容易证明团队对社会的贡献。可如果你仔细想一想,就能在各种角色中找到价值,那么无论你的团队做的是什么工作,你都能向他们灌输自豪感。举个例子?好。比如,销售广告版面的人其实是在帮助其他公司(其中一些可能是非常小的公司)打进市场;他们在提醒潜在客户关注他们长期以来一直寻求的、真正需要的产品;他们在维持报纸或杂志的运营(及其员工的就业),因为它们靠广告销售收入生存,而且这些杂志或报纸能为购买它的人提供信息或带来快乐(否则读者就不会买,对吧)。

一定要让团队成员认真对待自己的工作,这其实并不难,甚至可以说易如反掌,因为每个人在内心深处都希望受到重视,希望自己对他人或社会有用。愤世嫉俗的人可能会说我在胡说八道,但这是事实,绝对的事实。作为管理者你要做的便是探寻员工心灵深处对工作的热爱、关心、责任感和参与感,并将其充分调动起来,这样即使不明就里,员工也会永远追随你。

对了,在团队成员身上尝试这一点之前,你一定要先说服自己。你相信你所做的事情会带来积极的影响吗?如果不确定,那就向你的内心深处探寻,直至找到工作的意义。

你要让他们看到工作的意义。

法则 002

了解团队是什么及团队的运行机制

什么是团队？它是如何运作的？如果你想成为一名成功的管理者，就必须知道这些问题的答案。

团队并非只是一群人的集合。它是一个组织，有着自己的动态、特性和惯例。如果不了解这些，你就会举步维艰。了解了这些，你就能调动你的团队，让它创造辉煌。

每个团队都有各种各样的人。他们有着不同的特点，用力方向也不同。有些人嗓门大一些（如果你懂我的意思的话），有些人则甘心在后面默默地使劲，还有些人似乎什么都不干，但你需要他们为你出谋划策。

如果你之前对团队的运行机制毫不了解，我建议你赶紧阅读R. 梅雷迪思·贝尔宾（R. Meredith Belbin）的《管理团队：成败启示录》一书（*Management Teams: Why They Succeed or Fail*）。

⊖ *Management Teams: Why they succeed or fail* by R. Meredith Belbin (Routledge, 3rd edition, 2013).

贝尔宾称，团队中有九种角色，我们都扮演其中的一种或多种。是的，认清自己扮演什么角色的确很有趣，但认清团队成员扮演什么角色并对其充分利用要有用得多。

这九种角色是智多星（the Plant，出点子的人）、外交家（the Resource Investigator）、协调者（the Co-ordinator）、鞭策者（the Shaper）、审议者（the Monitor Evaluator）、凝聚者（the Team Worker）、执行者（the Implementer）、完成者（the Completer）和专家（the Specialist）。如果想了解更多，可以阅读贝尔宾的那本书。

现在你知道你的团队可能有哪些人了。那么，团队究竟是什么？你该如何让团队更富有成效呢？这就要再读读贝尔宾的书了。从中你会了解到这一点：团队是一个集体，在这个集体里，所有成员都朝着一个方向努力，以期实现共同目标。如果团队成员各打各的小算盘，比如磨洋工、谋求个人发展、想法子整老板（说的就是你）、利用上班来社交，那么这个团队无法齐心协力。

如果你听到的更多的是"我们"，而不是"我"，你就拥有了真正的团队。

如果某个困难的决定变得轻松，因为有人说"我们能做到，让我们同舟共济"，你就拥有了真正的团队。

如果这个团队成员告诉你"我们是一个团队"，你就拥有了真正的团队。

如果团队成员各打各的小算盘，
那么这个团队无法齐心协力。

法则
003

设立现实的目标（要特别现实）

在我为创作本书进行调研时，有人说设立现实的目标这一点本身就是不现实的。他们还说："要把所有目标都'放大'，这样才能给董事会留下深刻印象。"好了，你知道问题在哪里了吧？对，他们谈的不是如何激励团队、完成工作以及创造出追求成功和创新的氛围，而是如何令董事会印象深刻。从理论上讲，如果董事会是由一群猴子组成的，你这样做可能很聪明，可惜董事会的人不是猴子，我敢说他们都极其精明强干，是一眼就能看穿你的小动作的人。

我所说的"现实"并不是指一些比较低级的、容易实现的目标。这里的"现实"意味着"现实可行"，意味着奋战，意味着你的团队必须加油干，必须下更大力气、花更多时间，必须有积极的心态。这里的"现实"意味着你的目标是可以实现的，它在你的掌控之中——不过，也许可以稍稍放大一下。

"现实"意味着你了解自己团队的能力，也了解老板对你的团队有何期待。从某种意义上说,你要做的就是使这二者协调,让双方皆大欢喜。你不能给团队施加太大压力,也不能让老板以为你们消极怠工。

假如你的老板坚持给你们设立一些不现实的目标,你就必须把你的真实想法反馈给他。不要争辩,也不要拖延,反馈给他就好。问问老板,他认为该如何实现这些目标,同时向他指出这些目标定得不现实。你要事先准备得很充分,提出自己的理由,说明这些目标为何并不现实,然后再次了解他认为该如何实现这些目标。接下来,你可以提出一个你们自己的目标,并用事实和数据来支持它。你要不断地把各种问题反馈给老板,并让他做出决定。很快,老板就会给你一个说法——要么给你们设立一个更现实的目标,要么命令你们完成不可能的任务。无论是哪一种结果,你对这个问题都不负有任何责任。

如果老板给你设立的是现实可行的目标,那么你要做的便是实现这些目标(你知道你能做到);如果他命令你实现一些不现实的目标,而你未能实现,你也能解释说当时你的确提出过抗议,而且向他反馈了自己的想法。

你要不断地把各种问题反馈给老板。

法则 004

明确会议目标

我们都参加过这样的会议——会开得没完没了、大家开始闲扯、议事日程写在信封背面（或是想一出是一出）、会议快结束时突然出现新情况、信息缺失、通知内容不详细、不断有人喊"我们听不到你说话"。

身为管理者，你必须主持会议，还要让会议高效。因此，你一定要提前明确会议目标，并确保实现这些目标。

会议通常有四个基本目的：

- 创建、融合团队。
- 发通知。
- 就一些想法开展头脑风暴（并做出决定）。
- 收集信息（做出决定）。

有些会议可能有一个或多个目的，不过你仍需对会议的目的有认识，并将其纳入你的会议目标。如果召集会议的目的是为了发通知，那就抓紧发。如果会议的目的是对这个通知进行讨论，那就属于另外一种类型的会议，其目标也会有所不同。

注意，有些会议是为了让团队成员彼此认识、熟悉，让他们在沟通中加深了解，同时也为了让他们看到你这个团队领导者的真正角色。

如果你想让会议高效，就一定要能控场，绝不能拖泥带水地搞民主。你是管理者，你统领一切，就这么简单。要想让会议高效，千万不能让任何人追忆往事或东拉西扯，不能让他们喋喋不休。你要让他们快点讲，然后赶紧散会。

> 你一定要提前明确会议目标，
> 并确保实现这些目标。

法则 005

会议要高效

现在你已经确定要开这个会，也明确了会议的目标，那你就要让它尽可能地高效。

在一天工作快结束时召开会议的效果好于在一天工作开始时召开会议的效果，因为快下班时大家都急着回家，会议就会短一些。如果刚上班就开会，每个人都有大把的时间，开会时就容易偏离主题、东拉西扯。当然，也有个例外，那就是为了联络感情而开会，这时候你就可以开心地在刚上班时把大家召集在一起。

确定一下召开会议的形式，看哪些会议可以通过视频、电话或一对一的形式开（绝不邀请任何不相关的人参会）。

所有会议都要准时开始，绝不要等任何人，也绝不要向迟到的人复述之前的会议内容。如果他们错过了什么重要的内容，会在散会后从其他人那里打听到，而且这也能让他们学会准时参会。㊀这里分享一条很实用的建议，绝不要把会议安排在整点开始，可以"不规则"一点，比如安排在 3:10，而不是 3:00。你会发现大家可以更准时参会。如果你想搞怪，不妨试试定在 3:35 开会。

要提前安排好会议，这样就没人会说自己手头有别的安排。但也不能太早。一般来说，开会前一天要跟每个人确认一下，从而确保他们记得会议时间并能准时参会。

要明确谁来做会议记录。一定要确保他们会去记录，而且能达到你的要求。在这件事情上你不必表现得颐指气使、咄咄逼人，只要态度坚定、友好就可以，同时要让他们感觉你在掌控全局。

要保证每项会议日程最终都落实到一个行动方案上——没有行动方案意味着开会只是在闲聊。当然，做出行动决定也可以。

永远不要问"还有别的事吗"。如果某件事很重要，就应该列入议事日程；如果不重要，那根本无须开会讨论。"还有别的事吗"只是某个人想把某件事强加给某个人的一个借口，无一例外。不能允许这样的事发生，绝对不能。

如果会议规模太大（超过六个人），就把参会者分成小组，让每个小组向你汇报。

㊀ 蟾蜍吃完早饭，拾起一根粗棍，使劲抢着，痛打想象中的敌人。"叫他们抢我的房子！"他喊道，"我要学习他们，我要学习他们！""别说'学习他们'，蟾蜍，"河鼠大为震惊地说，"这不是地道的英语。""你为什么老是挑蟾蜍的刺儿？"獾老大不高兴地说，"他的英语又怎么啦？我自己就那么说。要是我认为没问题，你也应该认为没问题！""对不起，"河鼠谦恭地说，"我只是觉得应该说'教训'他们，而不是'学习'他们。""可我们并不要'教训'他们，"獾回答说，"我们就是要'学习'他们——学习他们，学习他们！再说，我们正是要这样去做呀！"（《柳林风声》，肯尼斯·格雷厄姆）。

最重要的是，不管开什么会，都要有明确的目的（一定要将这一点铭记于心）。在会议结束时，你一定要能说出是否达到了这一目的。哦，对了，不管开什么会，会议室里的椅子都不能让人感觉太舒服（也可以站着开，就像《白宫风云》里那样），这会大大加快会议进程。

所有会议都要准时开始，
绝不要等任何人。

法则 006

会议要有趣

我猜想，你在通过不懈努力一路走到今天这个辉煌位置的过程中，肯定不得不参加许多无休无止的会议，而且它们多半都很枯燥、乏味，令人昏昏沉沉。是时候打破这种模式了，我希望你能来打破它。该扔掉那种老套的开会方式了，这件事就由你来做。

让我们把开会变得更有趣吧。在开始前，我想起曾经在某处读到的一条建议，其基本内容是：给每个参会人发五枚硬币，如果想发言，就得花一枚硬币，一旦用光所有硬币，就没有发言机会了，不能再说话。这条建议的用意是让人们谨慎对待自己的发言机会，不要轻易在一些琐事上花光自己的所有硬币。有趣吗？也许吧。不过它也可能给你赢得"傻瓜"或无能的会议组织者的"美誉"。其他一些建议也有同样的效果，比如：

- 穿奇装异服。
- 准备一些食物和/或饮料（除非是午餐时间，但这时候食物和饮料是功能性的，并不能带来乐趣；如果带团队去餐厅或酒吧,那就不是会议了,而是一次为了联络感情的聚会或答谢会)。
- 做游戏、猜谜或开展任何一种形式的竞赛。
- 准备一些小惊喜,比如在椅子下面绑上巧克力。
- 发言棒(不要问——一种新世纪的源自加利福尼亚的东西)。
- 蒙上眼罩。
- 让最年轻的成员主持会议。

这些做法都显得很愚蠢,会把会议变成一场闹剧,会毁掉它。千万不能这么做。

那么,如何既能给会议增添趣味,又不显得很愚蠢呢?首先,有趣并不一定意味着愚蠢,更不意味着索然无味。

有趣意味着不古板,意味着让参会者充分放松,展示真实的自己,给会议带来自己的贡献。有趣意味着参会者可以分享一些让他们开怀大笑的事情,不会有人对他们不满。有趣是指让与会者讲一些逸闻趣事,活跃一下气氛(只是要知道何时该说"好了,回到正事上")。有趣意味着要能灵活变通,对于会议地点和会议方式允许有其他建议。也许你们单位有一间漂亮的会议室,能不能在那里开会?如果天气好的话,你也可以安排室外会议。

自信的管理者(对,就是你)能够做到灵活变通,因为他们放松、潇洒、自信。死板的管理者则担惊受怕,因为他们没有安全感,需要用僵化的模式来维持自己那少得可怜的自信。

该扔掉那种老套的开会方式了,这件事就由你来做。

法则 007

让团队成员比你更优秀

一个真正优秀的管理者（对，又是你）深知，如果团队展翼腾飞，他就会腾飞。要想让团队腾飞，你需要勇气、毅力、决心和激情。

你必须让团队成员比你更优秀。这意味着你要信任他们，为他们提供工作所需要的最佳资源；要培训他们，以便让他们接手你的工作；要相信他们，知道他们在接手时不会在你背后捅刀子；还要对自己的能力有足够的信心，这样当他们腾飞时，你才不会嫉妒他们。好难！

要想让团队成员比你更优秀，你得是一个了不起的管理者。你得在自己的位子上很放松，有很强的安全感。坦率地说，鼓励团队走向成功是需要胆量的。

让我们来看看你的团队。你召集了哪些人？哪些人有一天会取代你的位置？你可以跟他们分享什么经验来带动他们？

他们聪明、敏锐，有工作热情。你要栽培他们，让他们做你的接班人。我曾经有过一个年轻的助理,他太精明能干,让我害怕。当我最终升职后,他接替了我的位置。他和我一起参与了几次行动,但总是落后我一步。他在很多方面都比我强,可是却从不寻找机会超越我。可能是出于对我的尊重,不过我对此很怀疑——当时我所在的行业竞争有点激烈。不,他是出于习惯。

一旦你打造好一个优秀的团队,团队成员就会习惯唯你马首是瞻,而且会很适应这种状态,既不会哗变,也不会想着超越你。他们只有在不信任你、怨恨你的情况下,才会想着摆脱你、超过你。所以,你要把团队带动起来,培训他们,让他们变得更优秀。

一旦你打造好一个优秀的团队,
团队成员就会习惯唯你马首是瞻。

法则 008

认清自己的重要性

千万要记住,你是团队中最重要的人。这并不是因为你更优秀、更有经验、更有价值,或是你有什么其他让你自命不凡的品质。你之所以最重要,是因为团队成员都要听命于你。标准由你设定。

如果你喜欢在别人背后捅刀子,总是担心团队成员会超过你,一直监视他们,防止他们比你表现出色或做出什么不道德的、无礼的事情,作为一名管理者,你的表现就太差劲了。你的团队会焦虑不安,无法安心工作;你的部门也不会有辉煌的业绩。

你从不搞这些歪门邪道?很好,很高兴听到这一点。不过要小心,如果你总是牢骚满腹,动不动就对主管或客户不满,很多看法都很消极,始终抗拒改变,天天说自己多么盼望星期五下午快点到来,总是拈轻怕重,你的团队就会有样学样。

听着,如果你不提高标准,不为团队做榜样,就算不上真正卓越的管理者。团队就像一群鸟或一群羊,领头的去哪儿,他们就去哪儿。你就是他们追随的那个领头人。你辉煌，大家就都辉煌；你失败，大家就都失败。一切都是因为你。很可怕，对吧？

不过，别担心。你必将成为团队需要的那个优秀的管理者，必将领导他们。在你成为出色的管理者后，你的团队就会成为一个由一群精英组成的精英团队。你不仅会获得个人的成功，还会给身边的每个人带来成功。你会以可靠的分析和常识性的策略为后盾，满怀热情地对待每一项任务。你会公平地对待身边的人，鼓励他们，会拿出比承诺的还要好的结果，并且创造积极的氛围；你身边的每个人也都会依样为之。一切都是因为你。

听着，如果你不提高标准，不为团队做榜样，就算不上真正卓越的管理者。

法则
009

设立边界

　　从第一天起,你就必须抓好纪律。还记得我之前说过,照顾团队有点像当家长吗?作为家长,你必须设立边界,实行零容忍,这样方可生存。不然,你给他们一寸,他们就能拿起整根绳子。如果你在他们的眼里很"柔和",他们就会利用这一点。设立清晰边界、实行零容忍的好处在于你会有一条明确的界限来判断一切。你只需问:"这是否违反规定?"如果是,就阻止。如果你纵容下去,何处才是尽头?

　　假设你在某方面设立了清晰的边界,比如守时(也可能是换装、关怀顾客或接打私人电话等方面,我们只笼统说是守时)。如果晚一分钟可以接受,那么晚两分钟呢?如果晚两分钟可以接受,那么晚三分钟呢?以此类推,最后他们就会想什么时候来就什么时候来。可是,如果你不允许他们迟到一分钟,他们就无计可施了,你也无须再把这件事挂在心上。如果你允许他们违规,哪怕是稍稍违反,你就不得不一直考虑"这一步是不是走得太远""能否夺回掌控权""自己准备走多远"。

我并不是说你得设立上百条规定，也不是要你墨守成规、一成不变。我的意思是，你要对那些对你、团队和企业来说至关重要的问题设立几个关键的边界。这些边界一定要清晰、坚固。

记住，你是在跟团队而非个体打交道，我会在本书中再三强调这一点。你可能会觉得对某个人可以网开一面，但你面对的不是个人，而是团队。如果你让人看到你对某个人心慈手软，那么你就必须对所有人心慈手软。如果你允许某个人迟到，那么就必须允许其他人迟到。如果某个人违反了规定却没有被罚，那么其他人也都不会被罚。

优秀的管理者绝不姑息不当行为，这等于给整个团队发出了一个明确的信号：你是那种优秀、坚决、掌控一切的管理者，你更重视团队的集体成就，而不在乎团队成员是否把你当成一个随和、放松的好人。是的，如果团队中的某些人做了坏事，你却让他们逍遥法外，那么从个人角度讲，这些人可能会称赞你，可是团队中的其他成员却会集体贬低你。

设立清晰边界、实行零容忍的好处在于你会有一条明确的界限来判断一切。

法则 010

做好精简的准备

假设你正在听你的管弦乐队的演奏。可是，你感觉有什么地方不对劲。对，是那个长笛手跑调了，他演奏的是另外一个谱子。现在你有三个选择：

- 忍受下去。
- 做出改变。
- 结束演奏。

让我们稍微考虑一下这三个选择。事实上，一切事情——从恋爱到生活、工作，再到为人父母——都离不开这三个选择，每一次我们都要面对这三个选择。

假设你准备忍受下去。这会让整个乐队的演奏听起来很糟糕，不仅跑调，而且已经无法恰当行使一个乐队的职责——给大众提供优美动听的音乐。你的听众（你的目标客户）不会认真倾听，而是会责备你这个乐队指挥。他们说的对。

假设你想做出改变。长笛手××需要接受再培训。你把他送到长笛补习班。培训归来后，他能正确地演奏了，可是他想改演奏巴松，因为他觉得长笛束缚了他的创造性。问题厘清了，解决了。很棒。可是，如果这个人是音痴，根本就不该在管弦乐队演奏，他应该干另一行，比如拉火警警报，你该怎么办？有一件事你千万不能做，那就是给他换一种乐器，让他试试敲三角铁。结果只会是他再次搞砸，而这时候乐队其他成员已经对你失去了信心，他们开始哗变。

该采取第三个行动了。你决定让他离开团队。这样做既速战速决，又人性化。他可以去拉火警警报，而且依然可以成为这个行业中的佼佼者，而乐队的其他成员也会认为你有决断力，认为你知道自己想要什么、目标是什么，认为一切尽在你的掌控之中。太棒了。

永远要准备好修剪枯枝败叶、蔓生的杂草和拙劣的长笛手（以及所有无法胜任其工作的乐队成员）。

现在你有三个选择：
忍受下去、做出改变、结束演奏。

法则 011

尽可能地减负（至少要敢于尝试）

优秀的管理者（从现在开始就是你）深知，他管理的是事件、过程、状况和策略，而不是人。让我们假设你有一个大花园，你决定雇用园丁来帮你打理它。是你来管理园丁吗？不，他们自己可以把自己管理得非常好。你的工作是管理花园。你要决定种什么、何时种，以及种在哪里。园丁会成为花园里的一个工具，就像一把铲子或一辆手推车一样，你可以用这个工具来有效地管理花园，但你并不管理这名园丁，他们自己管理自己。你告诉他们你想要做什么，他们就去做。你下达任务后，他们就会去挖掘、种植、修剪、照料、除草。实际上，植物也是自己管理自己——你和园丁都并未真正种植任何东西，你们只是在管理。园丁是你的得力助手，是你完成任务的工具。

所以，一定要让园丁尽可能多地参与决策过程，这样你就可以腾出空来，或制定长期战略，或把握全局，或做季节性种植规划，还可以坐在树荫下，一边喝着清凉的皮姆酒，一边查阅种子目录。

当园丁在修剪草坪、为花坛除草或修剪树木时，你没必要去监督他们。把活交给他们，让他们去干就行了。等他们干完了，你可以检查，看看他们做的是否符合你的要求。之后就不需要再去检查了——不要反复地检查。

这就是优秀管理的秘密：给团队一项工作去做，做完后检查一两次，确保是按照你想要的方式完成的，下一次就让他们接着干。逐渐给他们增加任务，并逐步从牵涉到人的事情中抽离出来，把精力放在做计划上。总之，你要做的就是建立团队，然后放手让团队去干。当然，有时候这种做法可能会适得其反，比如，团队会不听话，会逃避工作，会把事情搞砸。这时候错就完全在你了，因为你是管理者，这是你的团队。这个问题很严重，你难辞其咎。不过别担心，在接下来的章节中，我们会找到方法以确保不发生这种情况——至少不会太频繁发生。

> 你要做的就是建立团队，
> 然后放手让团队去干。

法则 012

允许团队成员犯错

有句老话是这么说的:"告诉我,我会记住一个小时;给我看,我会记住一天;但让我做,我会永远记住。"这句话很有道理。如果你打算让团队去做事情,那么团队一开始估计会做得很糟糕,可能会犯错。你得允许团队犯错。

如果你是个家长,就会知道看着一个两岁的孩子自己倒饮料是件多么痛苦的事,因为很快他就会把一大半饮料都洒在桌子上。你拿块抹布站在旁边,因为你知道:

- 孩子会把饮料弄洒。
- 把桌子擦干净的那个人是你。
- 弄洒饮料的过程很重要,你必须要让孩子经历洒饮料这个过程。这样他们慢慢就会学会倒饮料,以后就不会将饮料弄洒。

作为家长,你要做的就是牢牢盯着孩子,随时准备出手——

在饮料要被洒光时抓住瓶子,在杯子要被打翻的瞬间扶住它,在孩子因为注意力太集中要从椅子上摔下来的瞬间抓住他们。

我并不是说你的团队成员就像小孩子一样(好吧,其实我就是这个意思,不过不要告诉他们),但如果你想让他们有进步,就必须说服自己让他们弄洒饮料。你要做的就是拿块抹布,随时准备把桌子擦干净。

每当他们弄洒饮料时,不要去责备他们。相反,你应该表扬他们:"干得好,干得漂亮,真是了不起的进步。"尽量不要让他们看到你手里的抹布,也不要看到你在擦拭污渍。

> 告诉我,我会记住一个小时;
> 给我看,我会记住一天;
> 但让我做,我会永远记住。

法则 013

接受团队的局限性

作为管理者,你要有效地将团队整合在一起,这意味着你需要有不同的组件(团队成员)。有些人擅长做这个,有些人擅长做那个,如果人人都一样,就无法形成一个团队——要么都是领导者,要么都是追随者。你需要的是一个组合,而不是非此即彼。

因此,如果你的团队中有些成员不是领导者(或追随者),你必须接受这一点;如果有些人擅长数字处理,而其他人不擅长,你必须接受这一点;如果有些人擅长在没有监督的情况下工作,而其他人不擅长,你必须接受这一点。

为了能更好地接受这些,你必须充分了解你的员工的长处和短处、优点和缺点,否则你就会用人不当(我相信你不会这样)。

你必须接受一点:不是每个人都像你一样聪明、有决心、有野心、头脑灵活、有动力(我的确是在赞美你,不过,看看下一条法则,你就明白了)。团队中有些人很可能是榆木疙瘩,无可救药。如果是这样,你可能要明智地裁员,但不要匆忙行事,也许你并不需要一个天团（事实上，如果你的员工觉得这份工作对他们来说是小菜一碟，他们自己就会迅速离职）。

假设你的团队里有机器操作员或行政助理，而你不需要这些优秀的人拥有爱因斯坦的大脑，也不需要他们在做头脑风暴时反应灵敏、创意丰富，但你需要他们能连续几个小时坐在座位上（即使臀部发麻），需要他们能集中精力做一件会把你逼疯的工作（只是不要指望他们能插上创意的翅膀，贡献一些新思想、新想法或新技术）。你必须接受他们的局限性，并喜欢上他们的局限性——这些局限性是他们的参数，利用好这些参数，你就可以让他们发挥最大的作用。当你在研究他们的局限性的时候，也快快研究一下你自己的吧。你没有任何局限性？别开玩笑了。

> 如果人人都一样，就无法形成一个团队——
> 要么都是领导者，要么都是追随者。

法则
014

鼓励团队

如果你不让团队成员知道你对他们很满意,他们就会萎靡不振。他们来上班的原因有很多(不管他们跟你说什么,其实大部分都与钱无关),在这份秘而不宣的清单上,排在首位的就是"得到老板的赞美"。顺便说一下,这个老板就是你。

他们或许会称其为"得到认可""获得承认"或"感觉我做得很好"。但他们要怎么知道这些呢?那就需要你告诉他们了。

你可以事后赞扬他们,在他们圆满完成任务后夸奖他们做得很好;你也可以提前鼓励他们,即主动赞扬,在他们尚未开始行动之前就夸他们,说他们一定会做好。事后赞扬很好理解,但为什么要提前夸?因为如果你提前夸奖他们,他们就更想干好,也更有可能干好——他们不想让你失望,也不想让自己失望。

成为管理者是一个极简主义者的梦想。你希望能付出最少的资源,建立最强大的团队。赞扬是免费的,取之不尽、用之不竭,而且百分之百见效,实施起来又难以置信地简单,还不耗费你任何时间。

这么好的事情,为什么很多管理者不去做呢?因为这需要自信。你必须对自己有足够的自信,才能提前给出赞扬。如果你怀疑自己,就会怀疑团队;如果你怀疑团队,就不会赞扬团队,因为你确信团队会把事情搞砸。

说出"加油,你可以做到的,你能做好",除此以外,你什么都不需要说。你给团队的责任越多,越信任团队,赞扬和鼓励得越多,团队给你的回报就越丰厚。赞扬不需要任何成本,却能给你带来巨大收益,何乐而不为?

要创造出一种人人都鼓励别人的氛围,让鼓励蔚然成风。要每天都能听到有人说"你能做到",让大家把鼓励挂在嘴上。如果你不说,团队成员很可能也不说。要鼓励并表扬那些帮助不优秀的成员进步的优秀成员。一个优秀的团队应该积极提倡互助互爱。大家同属一个团队,要一起同甘共苦。

如果你提前夸奖他们,
他们就更想干好,也更有可能干好。

法则 015

要知人善任

你必须善于找到合适的人去做合适的工作，然后交给他们去做就行了。我知道这条法则需要依靠某种直觉，但我相信你明白我说的是哪种管理者。他们似乎将一批有实力的干将网罗在自己身边，自己则在一旁看着这些人去实现目标。你也能像他们一样。这是一种特殊的才能，你也可以培养这种才能。依我看，这一才能的关键有两点：挑选合适的人，以及放手让他们去干。要想做到这两点，你必须特别信任对方——既相信他们的能力，也相信你自己的能力。

如果你想找个人来担任某个职位，就必须对要做什么和找谁来做有一个非常清楚的概念。例如，你可能需要一个高级客户经理。这就是要做什么。但找谁来做呢？善于进行团队合作的人？优秀的全能型人才？能够在忙碌之中做出决定的人？能提前做计划的人？了解所在行业的各种怪事的人？会流利制作电子表格的人？能与过度兴奋的团队合作的人？

相信你已经明白了。如果你对要做什么以及找谁来做有清晰的认识，就可以摇身一变，成为一个掌握知人善任的诀窍的管理者。当然，这不是诀窍，而是规划、远见、逻辑和努力。

我曾经犯过一个错误，被一个经理人的资历所蒙蔽（我当时是一名总经理，想雇佣一名经理），没有看清他是什么样的人，只看到他干了什么。是的，他有资格证书，业务水平很高，但他不是一个善于进行团队合作的人，什么都要和其他经理一争高下。这本身没问题，但对我和其他经理来说行不通，因为我们奉行的是精诚合作的理念。这个案例证明我当时不善于寻找合适人选。我找错了人，而且花了很大力气才摆脱掉他。我只能怪自己，因为我没仔细考虑到底需要什么样的人。

如果你在这方面不擅长，或者认为有改进的空间，可以邀请一个你尊敬的人和你一起参加面试，让他给你提供另一个视角。换言之，找个导师或教练，让他们来帮助你找到你真正需要的人。

**你必须善于找到合适的人去做合适的工作，
然后交给他们去做就行了。**

法则 016

要慧眼识珠

你知道当年有多少出版商拒绝出版威廉·戈尔丁（William Golding）的《蝇王》（*Lord of the Flies*）吗？我听说过好几个版本，可不管哪个版本，回答都是至少有十二个。这个数字对于那个与威廉·戈尔丁签约的出版商意味着什么呢？很简单，几乎每个人都认为，他可比那些拒绝出版这本书的人聪明多了。

每一位卓越的管理者都曾是初出茅庐的大学毕业生，都曾等待着有人赏识他们的才能，给他们一份工作。他们曾做过期待得到提拔的初级管理者，也曾做过希望上司能任命自己掌管新项目、新部门或新企业的中层管理者。

你的团队要吸收的正是这些人。他们是千里马，随时会显露才能。不要担心他们经验不足——只要假以时日，任何人都能获得经验，可真正的才能、智慧和力量是无法伪装出来的。如果你发现有人拥有这些品质，要第一时间将他们纳入麾下，然后再去考虑细节问题。要注意，仅有工作热情是不行的，重要的是要有真才实干，还要对他们将要处理的问题有深刻的洞察力。

当然，这些有才华的新人可能最终会超越你。他们可能一路高升，甚至做你的上司。有些人可能会忧心忡忡，可法则玩家对此却毫不担心。法则玩家都很清楚，如果这些后起之秀最终成功，那他们也会获得荣耀，就像那个跟威廉·戈尔丁签订第一份出版合同的出版商一样。

想想看，无论有没有你，这些人的成就都会登峰造极，而你就是那个有赏识他们的洞察力、有任用他们的悟性、有送他们上青云的荣幸的人，这不是很好吗？

一旦你把团队组好，最能体现你作为管理者的成败的便是团队成员以及他们的表现。团队越优秀，人们就越会对你刮目相看。

有些顶尖的管理者甚至会跟你坦承，他们唯一的真正才能便是任用了一些比他们更聪明的人。也许他们是出于自谦才这样说的。但如果你想成为顶尖的管理者，这其实是你唯一真正需要掌握的技能，即你要知道该任用什么样的人，然后就不再干涉其工作——除了给他们提供完成工作所需的资源。有了这个技能，你就会成为一名顶级管理者，因为你能慧眼识珠，你的团队会胜过其他团队。

> 想想看，无论有没有你，
> 这些人的成就都会登峰造极。

法则 017

要勇于承担责任

抱歉，如果团队搞砸了，全是你的错；如果团队做得很好，功劳全是他们的。优秀的管理者总是会承担责任。我知道拿团队来做借口很容易，但你不能这么干。你是领导，是管理者，是老板。如果团队最后一败涂地，你得站起来承担责任。

说"我们没有达到我们的目标，因为……"很容易，但你应该说的是"我没有达到我的目标，因为……"，而且这个"因为"后面必须跟的是"我"，绝不能是"他们"。

说起来可能很轻松："我们没有达到目标，因为年轻的布莱恩不小心惹恼了客户，他们退出了，导致我们的销售额不足。"但是谁让年轻的布莱恩负责这么重要的客户的呢？是你。谁组织了这次销售？是你，必须是你。如果你在团队面临困难的时候承担起责任，相信我，你的团队会对你誓死效忠。没什么比一个随时准备站出来说"我负责"的老板更能激发员工的忠诚度了。

但我也知道这是个难题，真的很难做到。这需要自信、勇气、信任（你不会被解雇或被处罚），还需要足够成熟。

你可能认为承担责任会对你不利，会让你看起来不称职，但事实恰恰相反。如果你的老板看到你挺身而出，朗声说"我们没能签订这个合同，我承担责任。我们会采取下面这些措施，确保以后不会再次发生这种情况"，那么，他们看到的不是一次失利，而是一个未来的董事会成员。

拿团队来做借口很容易，
但你不能这么干。

法则 018

该表扬时就要表扬

身为管理者,你必须始终能站起来承担责任。同样,当工作进展得顺利时,你也必须对团队进行表扬和嘉奖。如果你们与客户做了一笔相当成功的交易是因为你熬夜工作,或者动用了以前工作中的老关系,或者碰巧知道一些竞争对手不知道的内部消息,那你就得说"是团队的功劳"。

勇于承担责任的确会让团队对你高度忠诚,不过,表扬团队也能起到同样的效果。要大声表扬、在公开场合表扬、真诚地表扬,总之一定要明明白白地说出来。不要虚情假意地说"这要归功于我的团队"。表面上看,你好像是在表扬团队,但其实你是生怕有人不知道你才是真正的功臣。没必要暗示说是团队的功劳,你可以直截了当地说:"我的团队做得很棒,真是一个了不起的团队。能拥有这样的团队,我真是无比幸运。"这就表示你与此次成功无关,可每个人都知道这是你的团队,你是领导者,所以你这样一说,团队成员就会爱戴你,其他人也会觉得你很谦逊。

干得漂亮。

我知道,这同样需要勇气和强烈的自信。你那么辛苦地工作,却要把功劳让给别人,听起来似乎不公平。我知道你其实特别想站起来大喊:"看啊,是我,是我做成的,全是我一个人做的,知道吗?"但你万万不能这么做。

其实,功劳并不完全是你一个人的,不管你对这一点多么不信。如果你负责的是销售,那么,是团队打造了你所销售的优质产品。如果没有团队的努力,你销售的不过是一些垃圾产品。你要告诉团队,销售轻而易举,因为他们把产品做得特别棒。这样,你的团队就会很自豪,会加倍努力。

如果没有团队的努力,
你销售的不过是一些垃圾产品。

法则 019

为团队获取最佳资源

如果团队是你的工具，你用它来实现各种目标，那么资源就是团队需要的工具，可以推动团队（也包括你）不断前进。很多管理者认为缩减团队的资源就能在上司那里获得一些印象分，积累起来，以后可能会有用。我不这么认为。身为管理者，你必须为团队获取最好的资源。剥夺团队的资源，实际上就是剥夺了团队发光发热、推动你实现更大目标的机会。

我知道有很多管理者会说："哦，这个操作系统可以再用几年。"他们还会说："团队可能整天都在用新的苹果手机玩游戏，如果晚点买，我可以省下一点儿钱。"我甚至听到有些管理者说："我要对团队用的东西严加管控，以防失去控制。"

千万别这样。给你的团队提供最好、最优质的资源，让他们干好工作，给你争光。

如果团队需要技术，你就算移山填海，也要为他们争取到。如果团队需要更多的成员、更大更好的机器、更高质量的工具，你就去搞定。无论他们需要什么，只要能让他们的工作完成得更顺利、更快、更好、更有成效、成本更低，你就去搞定。即使这意味着你不得不去跟别人争论，不得不埋头苦干，不得不去恳求、乞求别人，不得不打破一两个预算，也要去做。现在就去！

如果你让团队处于资源匮乏的状态，就根本不能指望他们能尽心尽力，也不能指望他们有工作的动力。他们会跟你认识的其他人吐槽，比如同一单位的同事或其他单位的朋友。要是他们知道自己受到了不公平对待，会感到不满，会怨恨你，工作效率会大大降低。如此，你将无法实现目标。所以，一定要尽你所能给团队提供最好的资源。

千万别这样。
给你的团队提供最好、最优质的资源，让他们干好工作。

法则 020

庆祝

我每天都会找个借口用一些小东西来奖励我的员工——不管是多么微不足道的事情，我都会适度庆祝一下。如果你也这样做，你的员工就会很积极，会养成为每一次成功庆祝的习惯。这非常重要。

用什么来奖励呢？很简单，比如一盒甜甜圈，或者在他们的卡布奇诺上加点奶泡，或者给他们一个到楼外坐着晒太阳的机会。

有时，我会宣布某一天是个特殊的日子，因为我们刚刚取得了这样或那样的成果，然后我会带团队出去吃午饭，让他们好好休息，听他们给我讲最蹩脚的笑话——注意，千万不要同时进行。

偶尔我还会宣布庆祝某个特殊的日子，即使那一天我们并没拿到订单。我会奖励犯错、失败和意外。为什么？因为团队拼命工作、倾尽全力、不惜一切代价、呕心沥血。为什么不该奖励他们？是的，我们的确失败了，但这并不意味着我们未曾努力。我奖励的是团队付出的努力。我庆祝的是我们所做的一切正确的事情——努力、奋斗、决心、团队合作、充沛的动力和勤勤恳恳。

不要只为大事的成功庆祝，也要为每一次点滴的胜利庆祝——当然是小小地庆祝一下，但也要庆祝。嘿，其实就是找个借口去喝杯咖啡，再给每个人买一盒甜甜圈（或苹果，如果他们喜欢的话）。这能花多少钱？很少，但它给团队成员带来的温暖却远远超过你付出的任何成本。

为什么不该奖励他们？
是的，我们的确失败了，
但这并不意味着我们未曾努力。

法则 021

对自己的一言一行要保留记录

　　为什么要这样，难道是有什么不良意图？不，事实恰恰相反。越是优秀的管理者，需要记录和保留的信息就越多。这主要有两个原因。

　　第一，保持一致。要保留所有的记录，因为你需要不时查看。"以前我是怎么做的？"这个问题会不断出现。你的团队也需要你保持一致。如果你不记得上次做了什么，就做不到保持一致。

　　吉姆上次拿下了一个大合同，你请他吃了一顿丰盛的午餐，接着特丽也拿下了一份类似的合同，你却只带她去喝咖啡、吃面包圈，那她很可能会不高兴，下次也不会再倾尽全力了。所以，你要把自己的做法都写下来，并时常温习。同样，如果你告诉客户 X 他们拿到的交易价与客户 Y 相同，结果他们发现并非如此，他们就可能会把业务给别人。一定要保持一致。

　　第二，做证明。作为一个优秀的、顶尖的管理者，你可能会遭到别人的嫉妒、怨恨和不信任。不是每个人都像你一样坦诚。

如果你的团队为你付出了110%的努力,而别人的团队只为其管理者付出了60%的努力,有些人就会认为你投机取巧,而不是去反思他们的管理能力有多糟糕。这时候你要能说明项目的成果源于何处,或者说明你为团队做了承诺过的一切,这能堵住他们的嘴。

你要把一切都记录下来,包括做了哪些决定、发送了哪些备忘录和短信、写了哪些电子邮件、做了哪些会议记录。这并不难,现在的电脑存储量非常大,即使把所有发送出的电子邮件都保存下来,也只占一点点空间。

越是优秀的管理者,
需要记录和保留的信息就越多。

法则 022

对团队内部的摩擦要敏感

管理团队是在和人打交道。有时,团队成员间会莫名其妙地产生摩擦。为什么要这样?谁知道。他们就是莫名其妙地干一些事,比如侵占别人的空间、顺走别人的饼干、占用别人的停车位。谁先开始的?不知道。身为管理者,你能允许这些情况继续下去吗?当然不能。你必须将这些摩擦扼杀在萌芽状态。

你得时刻保持敏感,注意团队成员之间出现这类状况的苗头,并采取一些措施。绝对不能让这些苗头发展下去。但要做到这一点,你得保持高度警觉,而且必须对团队成员了如指掌,这样才能发现那些早期预警信号。

如果不将摩擦扼杀在摇篮之内,它就会长成一个面目狰狞的怪物。一开始只是成员间轻微的吹毛求疵,最后就会发展为全面战争,团队里的其他成员也都会站队。

那么,该留心什么苗头呢?不该有的沉默;奇怪的抱怨("天哪,我希望克莱尔不要再跟我唠叨了");嘟嘟囔囔的牢骚;恶毒的流言蜚语；在不需要任何竞争的地方出现的激烈竞争；突然冒出来的分界线，比如用盆栽来遮挡自己的办公桌；用办公桌上的书或电脑遮挡自己；在集体社交活动中，有人未收到邀请；大家在办公室讲笑话时故意避开某个人。

我相信你能明白这是怎么回事。你要睁大眼睛，时刻保持警惕。记住，秘诀就是，在摩擦变得不可收拾之前将其扼杀。要想做到这一点，你得身兼数职：外交官、家长、政治家、裁判。

千万不能让人看出你在站队。必须明确告知团队成员，你在雷厉风行地采取行动，绝不容忍内讧。把相关人员叫进来，跟他们理论，把他们分开，调换他们的上班时间，让他们见不着面，或者让他们结成合作小组干工作。

你能做的事情有一大堆，我相信你会针对具体情况，在合适的时间做出合适的选择。

必须明确告知团队成员，
你在雷厉风行地采取行动。

法则 023

创造良好的氛围

创造良好的氛围并不难,而且至关重要。假如你的员工闷闷不乐、垂头丧气、郁郁寡欢、粗暴无礼,他们就一定会表现出来。他们会表现在工作上,会表现在对待客户和同事的方式上,会表现在彼此的关系上。最重要的是,他们会表现在与你共事和为你工作的方式上。

礼貌而真诚地向员工道声早安,不会让你付出任何代价。开会时要给每个人倒一杯咖啡或一杯茶,这也不是什么苦差事。问声"你好吗"只需一秒钟。在任何一个工作场合,下面三条原则都适用:

- 礼貌
- 友好
- 亲切

是的,我们都知道有些老板爱大喊大叫,态度粗鲁,火药味

十足。不过,这样的老板就像恐龙一样,是濒危物种,不用去理睬他们。员工也是人,他们有权得到:

- 尊重
- 文明的对待
- 尊严

如果你给不了员工这些,就不该当管理者。不过我相信你能。创造良好氛围其实很容易,这需要自上而下的努力。身为管理者,你要做到开朗、体贴、礼貌、热心,这是你的工作,也是你的职责。你的员工是你最重要的资源,是你获得巨大成功的工具和武器。没有他们,你什么都不是;有了他们,你就有了一支队伍。因此,你要体恤员工,用人以仁,不要粗暴对待他们;要切实关心他们和他们的生活。如果没时间,那要创造时间。

我猜我需要的词是"谦恭"。我承认这是一个老派概念,但它能移开大山,打开一扇扇门,让员工干那些通常不愿意干的工作。

没有他们,你什么都不是;
有了他们,你就有了一支队伍。

法则 024

激发忠诚度和团队精神

身为管理者，你要和团队一起工作，很有可能你见到团队成员的机会比见到你的家人的机会还多。团队成员也如此。在这种情况下，你们最好能和睦相处，虽然不必彼此相亲相爱，但必须成为一家人。要想做到这一点，最好的办法就是激发团队的忠诚度，打造团队精神。作为管理者，你则必须成为一家之主。

你必须得到团队的尊重和信赖。这有点苛求了，也很难。你能做到吗？当然，只要你能：

- 奖励团队
- 表扬团队
- 善待团队
- 信任团队
- 激发团队
- 领导团队

- 推动团队
- 培养团队
- 关爱团队

这些事情说起来容易，做起来难。你很可能粗略地看了一遍，嘴里念念有词"是的，是的，我是这样做的"。现在，请你花上一分钟时间，从头开始，认真思考每一条。你真的这样做了吗？还能做得更好吗？能百分之百确定自己做了吗？会不会以为自己做了，但其实并没做？这可完全是两码事。找一个能给你真实反馈的人，最好是某个团队成员，如果不是，能目睹你和你的团队共事的人也行。他们怎么说的？你做到了吗？

我曾经跟另外一家公司竞争过。对方团队中有个成员跟我的团队中某个成员住在一起。这个人把她的老板的计划、数据、成果、未来的提拔方案等都告诉了约翰（我的团队成员），这样我每次都能把她的老板击败。很明显，她在和约翰讨论工作，既然如此，她为何不把我的所有事都传话给她的老板呢？很简单。她不喜欢她的老板。这个错就全在那个老板了。他对员工蛮横无理，经常对他们恶言恶语，毫无合作精神，态度也不友善。难道我很好说话？绝非如此。我很严格，公事公办，但我尊重我的团队。我不必刻意多做什么，因为我的竞争对手没干几件对的事，这把我的形象衬托得很高大。

很有可能你见到团队成员的机会
比见到你的家人的机会还多。

法则 025

疑人不用，用人不疑

你肯定有台电脑，对吧？这台电脑肯定动不动就出故障。你应该还有辆车，这辆车肯定也时不时出毛病，哪怕只是爆胎。你肯定不会成天小心翼翼地盯着电脑和车，以防它们不知什么时候又掉链子了，对吧？当然不会。所以，你也不要再这样盯着你的员工了。某种意义上，他们就是你完成工作的工具，会时不时地出故障，不过你要接受他们的局限性，要让他们出错。你得接受这一点：你管理的不是他们，而是工作的进程。

如果你决定信任自己的员工，就要表现出来，让他们看到。仅仅将信任付诸行动是不够的，你还要让员工看到你的行动。有时候，你必须做得明显点，大张旗鼓地放手让员工自己去干。

你可以退后一步，让员工独自完成工作，以此来表明自己信任他们。不要再监视员工，不要每隔片刻就去检查他们的工作，也不要神经紧张，每当他们动一动、咳嗽两声或起身时就抬头看他们。放松，让他们该干什么干什么。你仍然可以让他们在一天或一周结束时向你汇报，鼓励他们不管有什么问题都可以来找你讨论。只是你要明确地向他们表达你相信他们可以做好，如果他们需要帮助或指导，你永远在那里。

可是，假如你其实并不信任他们呢？假如你知道他们是一群懒惰成性、一无是处、胸无大志、缺乏自律的家伙呢？如果真是这样，这是谁的团队？是谁雇用、训练了这群人？

对不起，话说得有点刺耳，但有时我们必须面对现实。如果你无法信任你的团队，就要反省一下自己的管理技能，或者继续阅读本书。好的团队领导（就是你）必定有好的团队。如果团队有问题，管理者的管理能力就有问题（这就不一定是你了）。如果团队没问题，你完全可以信任团队；如果团队确实得不到你的信任（你确定吗），你就要做出改变。

> 你可以退后一步，让员工独自完成工作，
> 以此来表明自己信任他们。

法则 026

尊重个体差异

我有好几个孩子。我希望他们能像团队一样运作。但我也很清醒,我知道这几个孩子的性格截然不同,如果我对他们一视同仁,用相同的规定(纪律方面的规定除外)要求他们,最后必然导致他们不把我放在眼里,或是局面一片混乱。这几个孩子中的一个——在这里我不能提他的名字,但他们知道我说的是哪一个——不能被催促。永远不能,怎么都不能。打个比方,如果你用力往前推他,他就会用脚后跟死死钉在地上,一动也不动。只有对他进行诱惑、诱导,他才能快速行动起来。但另一个孩子则相反,我得经常劝他不要急于行动,要放慢速度。瞧,我必须尊重孩子们的个体差异,好让他们跟我合作。没办法,我不得不这样做。

你的团队也是如此。有些成员可以被催促,有些则不行。你要让有些人放慢速度,催促另一些人加快速度。有些人会带着愉快的笑容来工作,而有些人脸上的表情则告诉你最好不要一大早就找他们做事。有些人非常擅长使用技术，有些人就不行。还记得在法则 2 中 R.梅雷迪思·贝尔宾是怎么说团队的吗？要看看团队中的每个人都能给团队做出什么不同的贡献——正是这种不同让你的团队变得卓越。

对我的孩子来说，如果我需要速战速决地办成某件事，我知道该找谁。如果我需要采取一种更慢、更有条不紊的途径，我会选择另一个孩子。

如果出了什么事，你不必以个体差异为借口放过任何人，一定要坚守纪律方面的规定。重要的是你对待个体差异的方式、你选择任务的方式，以及你期望团队以何种方式执行这些任务。谢天谢地，我们每个人都不同（连我都意识到，如果世界上全是像我这样的人，那该多可怕），而正是这些差异使一个优秀团队中的所有成员能有效地协同合作。

所以，如果你正在管理一个销售团队，其中大多数成员都西装革履、能言善辩（像你一样），但有一个人喜欢穿休闲装，而且爱跟客户闲聊，不要给她贴上"不敬业"的标签，要根据她完成任务的情况来评判她。如果她实现了自己的目标，而且她的客户喜欢她，那么，差异万岁。

差异使一个优秀团队中的所有成员
能有效地协同合作。

法则 027

听取他人的意见

如果你认为自己全知全能,那你就有些自命不凡了。可我知道你并不是这样的人。不管一个人多么人微言轻,不管他干的工作多么不起眼,他都能教给你一些有用的东西。不信的话,你可以试试跟电梯操作员、停车场管理员、餐厅服务员、保洁人员(不管是谁,不管是干什么的)交谈。当然,身为管理者,最重要的是要听取团队成员的看法。他们了解很多情况。他们必须面对各种资源和各种产品,是站在最前沿的人,因此,他们很可能是有想法——好的想法——的人。不需要每件小事都咨询他们,但在大事上一定要征求他们的意见。跟他们交谈,获得他们的反馈、想法,让他们的创造力得以发挥。

不过,你要明白,虽然你要听取团队成员的看法,但决定权依然在你手里。你可以倾听他们的想法,但这并不意味着一定要把他们的每一个想法都付诸实践。一旦你有了实践每一个想法的念头,就必须将其扼杀在萌芽状态,因为这样做会带来很大的麻烦。你可以这样做：倾听、吸收团队成员的看法，然后根据自己的所见所闻、经验、想法和实际情况来决定最后该怎样做。事实上，如果你听了团队的想法却不予采用，他们就会感觉特别沮丧——"跟老板说我的想法有什么用？他根本不采用。"这样可不好。

所以，在倾听团队成员的想法时，千万不要让他们感觉你肯定会采用他们的想法，这样的话，如果你采取的行动与他们的建议截然相反，他们就不会失望。不过，你可以注意一下表达方式，让他们感觉自己的想法被你纳入了整体战略。

事实上，我认识的每个团队成员都会向其管理者提出有用的建议，指出团队或公司在哪里出了错，或者某方面该如何得到改进。

如果你在这个问题上持开放态度，能提出一些优质问题，并能不带偏见地倾听（或跟他们坦诚交谈），那么你在层次上就立刻超越了大多数管理者。

跟他们交谈，获得他们的反馈、
想法，让他们的创造力得以发挥。

法则
028

根据不同团队成员的特点变换自己的管理风格

变换风格并不意味着要做"变色龙",而是意味着要了解每一个团队成员的个性,并努力适应不同的个性。有的成员可能性格外向,喜欢被当众表扬;有的成员可能更安静、更内向,如果受到当众表扬,他们会觉得无地自容,他们喜欢你私下夸他们工作做得很好。你要变换的是自己的管理风格,而不是自己的外在或性格。

我有个非常优秀的团队成员,工作做得很出色,可是她极其讨厌被评价,会想尽一切办法来躲避各种评价。她讨厌谈论自己,不管是以什么方式——都快得恐惧症了。所以,当我对团队成员进行六个月一次的工作评估时,我必须大幅改变自己的风格,否则,如果她听到风声,哪怕是我正在考虑进行评估,都会令她过度紧张。我还有另一个团队成员,他每天早上见到我都会非常开心地问我:"老板,我做得怎么样?"他特别喜欢谈论自己,巴不得每天都能得到我的评价——如果我愿意这样做的话。这两个团队成员的业务能力都极强（否则他们也进入不了团队），可是，我却需要以截然相反的方式来分别对待他们。我希望他俩都能把工作干好，所以我必须对他们区别对待，从而让他们发挥最大的作用。

同样，有些人喜欢独处，喜欢自己创造机会、自己做事情，如果需要帮助，他们会来找你（聪明的自我激励者）；而有些人则更需要你给他们发指令，给他们分派具体的项目来做。对于前者，不要过度管理，否则他们会抗拒、会生气（很可能会走人）。同样，对于后者，也不能太过放任，那样的话，他们就会觉得工作没有章法，不肯努力工作。

想想每一个团队成员的个性。想想他们需要什么，什么能激励他们，然后相应地变换自己的管理风格。

要了解每一个团队成员的个性，
并努力适应不同的个性。

法则 029

让团队成员以为自己比你懂得多
（即使并非如此）

这条法则太简单了，可是我敢说，能采用这条法则的管理者屈指可数。为何不采用它呢？它能让别人感觉自己很特殊、很重要。你所要做的便是对员工说："你懂这个，你怎么看？"这条法则的关键原则是：

- 征求他们的意见。
- 获得他们的想法和观点。
- 给予他们比以往更多的责任。你会惊讶地发现，人们很愿意接受挑战。
- 跟他们讨论重大问题和新闻。
- 鼓励他们给你反馈。
- 千万不要小看他们，认为他们"不过是员工"。

即使你知道自己对某个问题比他们更了解，也要这样做。这会让他们感觉很好。他们会表现得更出色，会从与你的谈话中有所收获。也许你也有所收获。

在做上面这一切的过程中，你要带他们了解你所在行业的全貌，这样他们就不会困守在某个部门。你得让他们知道他们在全局中扮演着重要角色，他们的贡献是多么有价值、有益，假如没有他们，你们的整个事业将会陷入困境。

要把他们当成重要客户对待，要让他们了解你所在行业的秘密："嗯，我们在硅芯片上使用新的 XP8 涂层，不像其他公司还在使用旧的 XP5，你应该知道这些，不过你要保密，因为我们去年就是这样抢先了他们一步，拿到了与 DVLA 的大合同。"

让他们了解你所在行业的发展情况（可以订阅你所在行业的杂志、技术周刊之类的东西），这样他们就会产生你以为他们对这些有兴趣、已经掌握了一些信息、很博学的感觉。这会鼓励他们继续学习、求知。

鼓励他们继续学习、求知。

法则 030

最后不一定总是你说了算

我知道你是老板，是经理，而且还是一个好经理。不过，最后不一定总是你说了算。这和管理操场上的一群孩子不一样。

如果有团队成员公然反对你，那么可能有两个原因：可能是他们拥有足够的自信，愿意开展辩论（这种情况你应该高兴）；或者是他们不服你，你未能震慑住他们。后者可能是一个警示信号，表明事情出了问题，也可能预示着事情进展得顺风顺水。只有你才能做出判断。

如果他们不服你，这就是纪律上的问题，显然你得私下处理。如果不是这种情况，那就一定要记住，你的团队成员是成年人，你得给他们空间，让他们展示真正的自我。这意味着他们有时会有不同意见、会争论、会生气。在一个好的团队中，这是正常现象，团队成员可以慷慨陈词、各抒己见。但在一个糟糕的团队中，这些做法就行不通。

身为管理者，不要想当然地认为最后总是你说了算，你总是对的，你要在每件芝麻大的事情上去纠正团队成员——这些想法不可取。有时候，无论他们是对还是错，你最好还是放手。有些事情的确很重要，最后得你说了算，而有些事情其实是无所谓的。你要了解这二者的区别。

记住，你的团队成员是成年人。
你得给他们空间，让他们展示真正的自我。

法则
031

了解他人的角色

我曾经认为,要想成为一名优秀的管理者,我不仅要做好自己的工作(管理),还要做好其他人的工作。而且,我从心底里认为,我至少能和别人做得一样好,甚至可能更好。这样的话,如果有紧急情况,我就可以介入,做别人的工作,让一切都能继续运作。是的,我敢说你也这么想过。问题是,如果我介入别人的工作,谁来做我的工作呢?

回答当然是:没人。

是的,身为管理者,你要了解所有工作涉及的内容,但你也要认识到,这些工作并不需要你亲自出马。在发生危机的时候,你确实需要后援,但那个挺身而出的人不是你。你最好待在自己的位置上,当好你的管理者。

要想了解某个角色,最好的办法是了解它解决了什么问题,以及是如何开展工作的。不过,你不需要像团队成员做得那样好,你发薪水给他们,就是让他们来工作的。如果你亲自上阵,就和养了狗却要自己看门差不多——你需要知道看门狗的角色是什么，但不必亲自去咬小偷来充分体验这个角色。

假如某项工作非常专业，你对其却一窍不通，你往往会聘用专业人士来做。比如，你是发电厂的经理，但你不需要知道如何计算钚的保存期限，只要聘用一个人为你做这份工作就行了。

对团队成员来说，了解其他人的工作也很重要，这有助于打造团队精神和忠诚感。

你不需要像团队成员做得那样好，
你发薪水给他们，就是让他们来工作的。

法则 032

确保员工清楚地知道你对他们的期望

给一个新入职的员工一份职位描述和一纸合同,然后就不管了,让他们自己启动工作。这很容易。问题是,这会让很多员工对工作感到困惑,会浪费很多时间。所以,最好一开始就让员工知道你对他们有什么期望。

那么,你对员工有什么期望呢?这可远远超出了他们的工作本身。你必须仔细考虑每个员工的角色,以及对这个员工究竟有什么期望。

要让每个人都知道自己在某个战略性规划中扮演什么角色、由此对他们产生的期望是什么,这一点至关重要。员工必须了解其公司的价值观和标准,以及对他们在态度和行为上的期望(开放?诚实?富有想象力?有爱心?能干?)。员工还要清楚地了解其他一些要求,比如公司希望他们有什么样的情绪、能否守时或加班、如何对待同事和能否进行危机管理等。

对于新员工来说,如果你能实行"伙伴"计划,让每个新人都跟某个经验丰富的员工结成对子,让老员工为新人指点迷津,就会让他们尽快上手。

对了,你还要明确办公室恋情方面的指导原则。要让每个人都知道这方面的要求,这样才公平。假如你没有明令禁止此类事情的话,就不能因为某人在杂物室里跟人亲热而斥责他。

最一开始就让员工知道你对他们有什么期望。

法则 033

要有明确的期望

我曾经和一位经理共事过,她的性情喜怒无常。当她状态很好、很放松的时候,每个人都效率特别高,心情也特别好,甚至会偶尔狂欢一下——这会让员工情绪高涨,她没意见,只要适度就行。可是,当她有压力时,如果你笑得太大声,她会非常生气。

正如我所说,有的时候她很放松,可她的团队中可没人敢放松。他们不知道她心情怎样,所以总是提心吊胆。她究竟是想听一份表述得很糟糕但包含全部事实的报告,还是宁愿再等一天,让团队成员把报告打磨得更完美?该就某个步骤简单起草一份文件,还是要一式三份,标注出重点且拼写准确?很难说,这都取决于她那天早上起床后的心情如何。

她的团队是如何回应的呢?如果你曾经为这样的经理工作过,你就会知道答案。他们的士气非常低落,而且对工作的评判标准也极其不一致。很明显,因为经理的标准也同样模糊。

瞧,如果你的团队不知道你的标准是什么,他们怎么会渴望达到这些标准？他们希望你能带领他们，否则，他们就不知道该去向何方，也不知道该如何抵达那里。在设定标准和期望时，一定要保持一致。如果你规定团队成员不能在周一上午十点做某件事，那么他们也不能在周五下午四点做这件事。如果你规定应该以一种特定的方式撰写文件，那么每一天都应该执行这个规定。

如果你本来有一个基本的标准，却突然没来由地提高对团队成员的期望，这听起来好像不合理，事实也的确如此。不过，如果仅仅因为你心情不错就放员工一马，这也不公平。你并非在体恤他们，而是会让他们感到困惑。而且，这么做也无法确保团队总是按最高标准来完成工作。如果团队中的某个成员上周按规定制作了一份精良的文件，而另一个成员却可以粗制滥造、蒙混过关，这也太有失公平了吧？！所以，确保团队有良好的士气、有强劲的表现的唯一方法就是在执行你所设定的标准时要一致。

如果你下周问我，我会给你一模一样的回答。

如果你规定团队成员不能在周一上午十点做某件事，
那么他们也不能在周五下午四点做这件事。

法则 034

采用积极的强化手段

如果团队成员干得不错,要表扬他们,反复表扬他们。把他们的事迹写下来,给他们发一份备忘录(这样他们就可以保存下来),或者把事迹写进公司通讯,或者写一份说明并存入他们的档案。怎么做都可以,但一定要广而告之,让大家都知道他们的事迹。这是一个可以快速表扬、激励团队的方法,而且性价比高(很重要,因为预算有限)。这样的话,团队中的每个人都知道你在监督,会表扬、激励他们。

表扬团队成员的时候,要言简意赅。如果他们为了一份特殊的订单而加班到很晚,你就说:"谢谢你们加班到那么晚,没有你们,我们不可能做到。你们对困难情况的积极反应使每个人的工作(尤其是我的工作)都轻松了许多。谢谢你们⊖。"这比"七号晚上,你们被临时调派去执行一个额外的轮班任务,你们按照要求

⊖ 再说一遍"谢谢你们"来强化。

执行了这个任务，我们希望对此表达感激之情……"要简单一些。

要让团队成员知道你为什么感谢他们——"你让我的工作更轻松"，而不是仅仅感谢他们所做的事情——"你来加班了"。

要个人化。用"我"和"我们"，而不是"管理层"。用平时说话的方式表达感谢。"我要谢谢你"比"管理层想表达其感激之情"好得多。

在团队成员完成工作后就立即表扬他们，而不是等到一周后，最迟第二天就表扬。如果团队成员做了超出其正常工作范围的事情，要表扬他们。不过，要注意，团队成员每周加一次班只是他们的正常工作的一部分，我们在这里谈论的并不是这种，而是非同寻常的、超出正常范围的、额外的工作。

如果你以这种方式强化积极的行为，那么这种行为肯定会再次发生。如果你对团队的表现不关注、不评论、不表扬，那么你的团队就有可能不再全心全意地为你效劳。这又能怪谁呢？

表扬团队成员的时候，
要言简意赅。

法则 035

不要试图为愚蠢的系统辩护

我在一次乘火车旅行中遇到了一个问题。这个问题其实很简单。有人弄坏了自助餐厅的安全门,触发了警报,导致火车停了下来。也许这是对的,火车应该停下来,但它停在一条很长的隧道里,一动不能动,只有解除警报后才能重新开动。这就需要找到列车长,让他重新设置被触发的警报。一切听起来都很简单。

因为我当时开会快迟到了,所以询问是否有更好的办法,比如让自助餐车的工作人员重置警报。列车长花了大约二十分钟向我解释说,这个系统是为了保护每个人的利益,他说的每个人包括他自己、自助餐厅的工作人员和铁路当局。也就是说,他指的是除了我这个可怜的乘客的其他人。其实,他要是能换种说法,我会感觉好很多,比如:"是的,这个系统没用,我会建议换掉它。谢谢你的关心。"

我敢说,你们公司有很多落后的系统——每个公司都有。身为管理者,你最好不要试图为这些系统辩护。如果你不能更换它们，那就忍耐一下，继续用下去，但不要想着去蒙蔽员工，让他们认为公司的一切都很棒。一旦员工发现某个系统并不像你说得那么好，他们就不会再尊重、信任你。

我并不是说你应该大声吐槽公司的所有问题，绝非如此。这种做法只会导致毁灭。记住，如果不能说公司的好话，最好什么都不要说，尤其是对你的团队。千万不要明知愚蠢，还要为公司辩护。

不要想着去蒙蔽员工，
让他们认为公司的一切都很棒。

法则
036

准备好接受新想法

优秀的管理者(也就是你)会始终保持新鲜感,而不是固守老一套的工作方式。这意味着身为管理者,你不能有"不,我们不这样做"这种默认反应,取而代之的应该是"这是个有趣的想法,你认为该如何运作"。

更重要的是,你要鼓励团队成员提出新想法,而且自己也要起表率作用。你们要尝试各种想法,可以每周提出一个新创意,并尝试去实行它。这个创意可能很简单,比如:"早茶的饼干品种可以更丰富一些";也可能很激进,比如:"听着,伙计们,我们要尝试一种全新的销售和分销方法"。

显然,比较合理的做法是先尝试一些小的想法以确保团队能很好地应对转变,然后再转向更激进的想法。慢慢磨合。

与此同时,你还要让团队成员对他们各自负责的工作进行创新,这样他们的思想才不会过时。如果每个团队成员每周都能提出一个新想法,那么到了年底,每个成员和整个团队就会拥有数不清的新想法。"我觉得如果我……就可以加快进程。""哇,我可以采用这个想法,把它变换一下,应用到我的工作岗位上,然后我就可以……""是的,我敢说他们在账目上会对这个非常感兴趣,因为它可以加快整个……"

在这个问题上,最大的挑战是什么?得到团队的支持——每个成员最初都会抗拒改变。如果你的信心减弱,整个团队的信心也会减弱。

如果你有创新的激情,整个团队就会受到感染,并爱上创新。相信我。我知道你已经有诸多要务在身,但我们马上就会讲如何分派工作,这样就能给你释放出一些时间,让你有更多时间来做自己的工作。在某种程度上,这才是你真正的工作,那就是管理。

要鼓励创新,奖励优秀创意,创造创意能够得到认可(即使不被采纳)和重视的企业文化。

如果每个团队成员每周都能提出一个新想法,那么到了年底,每个成员和整个团队就会拥有数不清的新想法。

法则 037

训练员工给你带来解决方案，而不是问题

员工很容易抱怨。我认为这已经成为他们的一种习惯。你必须训练自己的员工，让他们不能只是抱怨。这并不是说不允许他们抱怨，但身为管理者，你一定要坚守一点，如果员工向你提出某个问题，那么也必须同时提出解决该问题的办法。如果有员工觉得哪里不妥，一定要这样回应他："你想让我怎么做呢？"如果你听到他们在抱怨，就用"你认为我们应该怎么做"来回应。

我在工作中碰到过的一个特别优秀的经理做得甚至更进一步，他让我们先把解决方案告诉他，然后他来猜测我们的"问题"是什么。这就把反映问题变成了一个游戏，很有趣，但同时也让我们的思维更敏捷，让我们在抱怨时多点横向思维。我曾经对公司的保安人员有意见。我认为他们并不查看监控录像，而且直接把监控记录删掉了，甚至可能干脆不开摄像头。这个问题跟我有关，如果出了什么事，我就得背锅。我想让保安仔细查看监控录像，但却想不出什么好办法来让他们这么做，总不能一味地找老板抱

怨说保安玩忽职守。我必须先想出一个解决方案。

这时我突然意识到自己根本不需要去找老板。我可以自己解决这个问题。我得想方设法地让保安人员认为监控录像中有什么值得观看的东西。于是我跟他们提到,有人报告说有员工在公司的某个地方发生了性行为,很可能被监控录像拍下来了,但没人能确定是哪个摄像头。停车场、办公室、走廊和地下室的存储区都被摄像头覆盖。保安人员听后立刻查起监控来,就好像这件事关乎其身家性命似的。我的老板很高兴,因为我在工作简报中提出过这个问题,他当时注意到保安的这个做法不对,本打算责备我的。

现在,我想出了一个解决问题的办法,没有去找老板抱怨说:"保安不认真工作……"当然,一旦保安人员意识到根本不会看到任何淫秽镜头,我就不得不再想出一个新的解决方案,但他们在查监控上花了很长时间,而且一直在回放,以防万一……

如果有员工觉得哪里不妥,
一定要这样回应他:
"你想让我怎么做呢?"

第二章

管理自己

前面讲的是管理团队的基本法则。显然，大多数管理者都有一个团队要管理，但每个管理者也都要管理自己（这就是你）。因此，本章法则便是为你制定的。有了这些法则，你的效率就会更高，也会有更大的提升。什么？上一天班就已经让我疲于应付了，还要我提升？相信我，我理解你的顾虑。

管理是一份艰难的工作，因为你需要双管齐下，既要完成自己的工作，还要兼顾团队。我们的职位越高，就越会脱离原来的工作，而且往往没有人对我们进行培训，让我们了解新的工作（管理）到底该怎么做。当然，我们会参加一些奇特的课程，有些课程真是匪夷所思：我可是搭过乐高积木桥、拼过图案朝下的拼图、参加过周末独木舟活动的人，所有这些都是以管理培训的名义进行的，但我并没有专门接受管理方面的培训。管理是我在这个过程中顺带学到的东西。当然，有些人生来就有做优秀管理者的天分，但大多数人只能跟跄前行、边做边学，至于能学到什么程度，完全看运气。

我们学到的很多东西都是显而易见的，而我在这里告诉你们的则是一些不成文的法则，一些你在周末划船时学不到的东西。

法则 038

努力工作

管理自己的最基本的法则恐怕就是埋头苦干,把基本工作做好。如果你连基本工作都出现纰漏,那就别指望能出色地管理团队了。要想干好基本工作,你可能不得不早于其他人进入办公室,甚至比你之前到的还要早。

一旦把基本工作做好,不再有任何障碍,你就可以集中精力管理团队。你必须高效、及时地完成文书工作。这里并不是在给上什么关于时间管理之类的冗长的培训课,但基本上你必须做到有序、投入、专注和极度高效。

恐怕没有选择。你必须努力工作。做管理不是四处闲逛,发号施令,摆出一副很酷的样子。管理涉及的其实是后台发生的事情——在没有人看到的地方进行的工作。如果你想少花时间多办事,就必须学习一些基本的组织技能。

如果你想知道自己是否是一个好的管理者,去看看你的桌子。去吧,现在就去。你看到了什么?是整洁的空间,还是杂乱无章的空间？再去检查一下你的公文包、文件甚至电脑。是整整齐齐还是乱七八糟？

你必须动用手头的所有工具来确保能按时、高质量地完成工作。列出清单，使用电脑上的弹出式日历，分派任务，寻求帮助，熬夜，早起。当然，别忘了回家——必须有自己的生活。但是，你要先高效地完成工作。

———

你必须努力工作。

法则 039

设定标准

如果你经常迟到,总是没精打采,动不动就跟客户争吵,不尊重他人,做事粗制滥造,你的团队就惨了。反过来(我认为更有可能是这种情况),如果你不仅能准时上班而且能提前到达,按时做好你的工作,表现得体面、诚实、文明,充分发挥你的才干,你的团队就有可能登峰造极。

每个人都需要一个可以仰望的人,一个可以让他们尊重并想效仿的人。对不起,伙计,但这个人真的就是你。艰难的决定,我知道。如果你认为英雄已经过时、老套,我们已不需要英雄,那么请你再好好想想。团队中的每个人都跟你有着特殊关系。你是他们的领导、他们的灵感、他们的老板(这个词让你不寒而栗,但这就是你的身份),也是他们的导师、向导、英雄、榜样、冠军、保卫者、守护者。要扮演好这些角色,你必须树立榜样、设定标准,你必须成为楷模。

最重要的是,如果你都不在乎,团队成员为什么要在乎?无论做什么，你都要以身作则。说话前要思考，还要考虑自己该做出什么样的反应。"按我说的做，而不是按我做的做"是行不通的。想让团队成员成为什么样的人，你就要先成为那样的人。

你还得更进一步，让员工渴望提升自己，渴望有所成就。这就是榜样的力量。

理想的情况是，你有某种独特的风格、某种天赋、某种创造的激情，这使你从人群中脱颖而出——我说的是劳伦·白考尔（Lauren Bacall）和加里·格兰特（Cary Grant），而不是密特·劳弗（Meat Loaf）和早期的麦当娜。⊖

你必须看起来像管理者、演起来像管理者、做起来像管理者。这里教你一个表演方法：去体验管理者的感受，像管理者一样思考，成为管理者。

你还得更进一步，
让员工渴望提升自己，渴望有所成就。

⊖ 无意冒犯，作为摇滚明星，他们都是伟大的榜样，但他们算不上管理者的榜样。

法则 040

享受工作

我现在要直言不讳了。如果你不喜欢你的工作,那就辞职吧,为那些喜欢这个工作的人腾出地方。下一条法则可能更有指导性,不过现在我们要让你对自己的工作感到满意。

享受工作是指对圆满完成工作感到高兴,内心愉悦,能在工作中找到乐趣,不会把工作太当回事(不,这并不是说你可以嘲笑别人或不去以最高标准完成你的工作)。

享受工作是指以更大的格局看待你的工作、你的角色。你既可以勤奋工作,也可以享受工作——可两者兼得。你可以在工作时高效、勤奋、清醒、可靠、负责,但仍然能在工作中获得快乐。这是你的选择。没人说你必须严肃、紧张。老板雇你,只是让你来工作而已。

如果你知道什么时候严肃、什么时候放松,知道在什么场合下可以发挥幽默感,那就再好不过,这将对你周围的人产生神奇的影响。如果你在一个以严肃和紧张为常态的地方工作,让我告诉你一个专门为你准备的秘密:没人知道你在想什么。你只要外表做出他们想看到的样子就行,内心可以天马行空。

————————

没人说你必须要严肃、紧张。

法则 041

别让工作影响你

如果工作让你感觉不堪重负，记住，这只是一份工作而已。当然，你在意这份工作，会竭尽所能将其做好。即使在工作之外，你也会想着工作，为工作上的事发愁。总之，你希望把工作做得更好、更完善、更有效。

但是，说来说去，这只是一份工作而已。

你周围肯定有这样一些人，他们认为自己做的事是全天下最重要的，或是对全人类的福祉至关重要。没什么比这更胡扯了。是的，我们都要尽可能地享受工作，认真对待，全力以赴，但也要记住，这只是一份工作，我们可以换个工作。没有你，地球照样转。

如果工作压力大到你不喜欢的程度，想想生活中其他更重要的事情，比如你的孩子、你的狗、你的妈妈，还有周末的滑翔伞之旅。我不知道你在不工作的时候会做什么，但你要找到一些对你而言真正重要的事情，这样你就可以熬过工作中那些不顺心的时候，还能换一种视角，认识到这世界上有比工作更重要的事情。

你甚至可以做白日梦，想想这些重要的事情，好让自己打发掉上班时的无聊时刻——但要保证只在无须专心工作的时候这样做。在午休时，或是向另一栋楼走的路上，甚至上厕所时，你都可以暂时停下来，想想生命中重要的东西。

当然，你也应该花时间思考一下，为什么工作让你感到低沉，并想出一些能改善这种状态的方案。是否需要减少工作时间？是否需要改善团队成员之间不断恶化的关系？是否需要拿下合同？是否需要完成下一个预算？如果是的话，那就去做吧，做完你就可以重新享受工作了。

别让工作影响你，但这并不意味着不去在意工作，或是不为在工作上取得的成绩感到自豪、高兴，而是意味着不要把工作带回家，不要让工作占据你的全部，给你带来不健康的压力和过度的烦扰。

别让工作影响你，
但这并不意味着不去在意工作，
或是不为在工作上取得的成绩感到自豪、高兴。

法则 042

知道自己应该做什么

那么你应该做什么呢？你可能觉得这个问题很简单，觉得自己知道，可当真如此吗？这就好像你的老板说："我想让这项工作尽快完成。"这句话表面上很好理解，对不对？其实不然。"尽快"是谁的想法？"想"是指希望还是需要？"完成"也可以有各种解释。

我知道我有点挑剔、迂腐，但我想说清楚一个问题。你知道你必须管理一个团队。你知道你必须完成预算、数据和目标。你知道你有一个长期战略，你想实施这个战略。你知道你跟公司签了合同，合同上明确描述了你的工作职责。

但你应该做什么？有哪些是优先事项？该产出什么结果？目标是什么？最近是否有什么变化（高层管理者有时会莫名改变他们的想法，并期望你能通过心灵感应知道这一点）？

我曾经为一位高级经理工作过，从表面上看，他希望我的团队能获得成功、取得成效，但事实上他却阻碍了我的每一步行动。

每当我想做出改变、大幅度提高我们的数据时,他都会犹豫不决、拖延时间,而且不愿意做出决定。我搞不清楚我应该做什么。我想尽自己所能为他管理好这个部门,可他却给我设置各种障碍。

最后我发现,另一个部门(由他的一个亲戚管理)才是胜出的团队。我没法成为金童,因为那是他侄子的角色。他希望我失败,这样他侄子就能一枝独秀。我成了他的弃子。一旦我掌握了这些信息,知道自己应该做什么,就能采取有效行动了。所以,你必须知道你应该做什么。

你应该做什么?有哪些是优先事项?
该产出什么结果?目标是什么?

法则 043

知道自己实际上在做什么

那么你在做什么呢？这条法则很重要，但却经常被忽略。好，继续答题：你在做什么？

为了回答这个问题，你需要制订长期计划和短期计划。没有计划，就等于没有地图；没有地图，你就永远找不到宝藏。在《加勒比海盗：黑珍珠号的诅咒》(*Caribbean: The Curse of the Black Pearl*)中，当有人质疑杰克船长只带两个人就能开船时，这个角色只需回答他是杰克船长就够了。显然，如果你知道你是谁，你要去哪里，你就是真正的海盗。

那么，你在做什么？为未来的晋升铺路？原地踏步，尚未决定好该做什么？计算自己何时退休？收集信息，预备将来去找竞争对手领赏？等待被猎头公司录用？学习更多关于这个行业的知识，以便能平级调动？享受生活，尽情作乐？代表管理层攻击员工,导致三分之一的员工被裁减? ⊖想方设法地让高级管理层注意到你?埋头苦干,只为了能做好工作,让自己有优势?建立社交网络,让自己开心?窃取创意、资源、员工和机器来开创自己的竞争企业?(我见过有人这样做,而且做得非常成功。他们很清楚自己在做什么。)

这个问题没有标准答案。好吧,其实,错误的答案是:"我毫无头绪。"你必须知道自己究竟在做什么。不是应该做什么,不是想做什么,不是公司认为你在做什么,而是你究竟在做什么。一旦知道了,你就相当于掌握了秘籍,就可以创造奇迹。也许其他人也知道,也许没人知道,这都不重要。最重要的是你知道。

现在快快审视一下你的团队,告诉我每个团队成员究竟在做什么。这是个不错的练习。

没有计划,就等于没有地图;
没有地图,你就永远找不到宝藏。

⊖ 我认识一个大型工程公司的总经理,公司把他从美国请过来,正是为了让他攻击员工——员工们都知道这一点。他在第一次公司大会上就遭到了嘘声和骂声。他坚持自己的立场,只是说:"我不是你们的敌人。你们的敌人是商业不景气。我不是敌人,所以不要对我大喊大叫。"这招很管用。

法则 044

珍惜你的时间

有一次，我作为一名初级经理参加了一个会议，会议一直在讨论我们是否应该购买某台设备，因为有些人认为价格太高了。我已经提出了我对这个问题的看法（事实上每个人都说了，但有些人说了好几遍），所以，为了打发时间，我迅速、粗略地计算了一下在座所有人的时薪总和。我差不多知道每个人的工资，所以我估算出来的结果相当准确。有趣的是，我们花了半个小时来讨论这台设备，而讨论成本几乎是设备本身的两倍。

作为一个按法则行事的管理者，你要知道自己的时间值多少钱，然后将其一直牢记在脑海里。很好计算，用年薪除以52周，得到一个周薪，然后用这个周薪除以你的工作小时数。要记得随时检查自己的时间花得值不值。这比较难，不过养成习惯就好了。

记住，对许多公司来说，员工工资是最大的一笔支出。即便不是最大的，也是一笔巨款。而且你可以控制这个数字，至少在涉及你时是可以的。因此，你需要确保你所做的任何事值得你投入时间，如果不值得，就得无情地停下来。

你知道哪些人在浪费你的时间吗？这些人也在浪费你的老板的钱，而你可以用这些钱来做其他更有用的事情。因此，对待这些人，你要态度坚决（当然，要不失礼貌），这是你的责任。

当你发现自己在拖延、消磨时间、空等、做一些无关紧要的事情、与同事聊天、工作效率低下时，你也必须用同样坚决的态度对待自己。

公司信任你，让你拿他们的钱（即你的工资）去投资，期望你能为他们赚取最大利润。不要让他们失望。

如果你同时有几件事情要做，对于该做哪件举棋不定，那么也可以用这个方法。是应该去参加这个会议，还是去完成那个报告？想一想，哪个会产生更大的投资回报？答案应该已经有了。

> 公司信任你，让你拿他们的钱（即你的工资）去投资，期望你能为他们赚取最大利润。不要让他们失望。

法则 045

要主动出击，不要被动出击

我知道，我知道，你的时间已经被全部占满，要完成工作，要整理文件，要给植物浇水，所以没时间考虑未来，也无法去思考如何成为一个创新奇才。但是，聪明的管理者（也就是你）每周会留出三十分钟的时间来做前瞻性规划。你可以试着问自己一些简单的问题："怎样才能提升销售？""怎样做才能更合宜？""怎样才能减少员工的流失？""怎样才能将更多的线索转化为销售？""怎样才能简化会计程序？""怎样才能进入另一个行业？""怎样才能让团队更努力、更高效、更聪明地工作？""怎样才能让团队更自由地进行头脑风暴？""怎样才能不浪费这么多时间开会？"

老话说得好："如果你总是做一直在做的事情，就会总是得到一直得到的东西。"实在太对了。如果你不主动出击，就会停滞不前。如果你在水里停下来，鳄鱼就会咬你的屁股。所以，你必须不停地划，在水中不断地向前游。为了能维持呼吸，鲨鱼一生都要不停地向前游动，永远不会停下来。要做一只鲨鱼，不停地向前游。如果你不愿意向前游，自然有别人愿意向前游。这样的人很多，他们会超过你。

相信我，我知道这是什么感觉。你打开收件箱，有一大堆电子邮件要处理，然后是文书工作、员工的问题，然后是午餐时间，接下来是下午要做的工作，然后是慌忙处理所有最新的紧急电子邮件，之后快速喝杯茶，最后收拾一切回家。这时候有个人告诉我必须从这忙碌的一天中抽出三十分钟来思考未来。做梦去吧！

但你可以把这三十分钟跟其他事情结合起来。每周我都要独自吃一次午饭，用这个时间来主动出击，思考未来，想一想如何在竞争中领先一筹。但我必须独自出去吃这顿午餐，否则就会有人打断我内心的这场规划会。

要做一只鲨鱼，不停地向前游。

法则 046

要保持一致

如果你每天都穿一身精干的商务套装,然后突然毫无征兆地穿上牛仔裤和破旧的 T 恤,人们很可能会带着疑惑的神情斜视你。○

如果你的工作一直完成得很好,但有一天却交了一堆垃圾,人们就会认为你搞砸了。

如果你对待员工一直彬彬有礼,但有一天你突然对所有人吹胡子瞪眼、大喊大叫,他们就不会再信任你。

如果你一向早到,结果有一天在中午时分才踱步进来,并且满身酒味,他们就会不再认真对待你,会指责你是个酒鬼。

对于你的表现,你的员工要有一个明确的期待。你必须保持一致。你必须对所有员工一视同仁。干工作也如此,千万不能让流言蜚语指向你。一定要做到无可指摘、诚实、可靠、可信赖。

○ 试试吧,这很有趣。如果你不知道什么是斜视,那就查一查,然后试试。

不过，你也没必要灰心丧气、死气沉沉、无聊透顶。你完全可以充满激情、活力，追求时尚、冒险、创新，迎接各种挑战。只是无论你决定做什么，一定要坚持下去，并且始终如一。

如果你的工作一直完成得很好，但有一天却交了一堆垃圾，人们就会认为你搞砸了。

法则 047

为自己设定现实的目标

这里说的不是预算或公司目标。我说的是个人目标、个人目的、个人要旨。你必须设定个人目标，否则就无法确定自己是否成功。顺便说一句，跟别人比是没有意义的。我一直想在体育方面大显身手，可我跑步不行，简直是一塌糊涂，所以我一直以为我在这方面废了。但有一天我发现，那些体育优秀的人其实有一种基因，而我显然没有这种基因。那我就完了吗？不，我只是在基因上有缺陷，没必要为此自责。在其他方面我也很出色。所以，我衡量自己成功的标准是：

- 我去年的表现如何？
- 我五年前的表现如何？
- 对照我的个人目标，我的表现如何？
- 对照我的长期计划，我的表现如何？

不用跟别人比，只有傻瓜才会用别人来衡量自己。

我曾经有一辆摩托车（特别大的那种），我非常喜欢它。有一次等红灯时，我和另一位摩托车手并排，我便仔细观察了一下他的摩托车。"这正是我想要的那种。"我躲在头盔里面，内心在哭泣。对方也在看我的摩托，显然也在转着同样的念头。绿灯亮起，我们的摩托车同时呼啸着离开，这时我发现他和我骑的摩托车一模一样。易变的心啊，总是惹恼我们、击败我们、玩弄我们。随便什么人似乎都有值得我们羡慕的地方，但我们却不知道他们心里在想什么。有人说，穿着别人的鞋子走上1英里（1英里=1.609千米），你也就走出了1英里而已；但既然已经穿上了别人的鞋子，那就跑起来。

所以，你要给自己设定一些目标，但要现实一点。"我要成为世界之王！"这听起来可能令人赞叹，却一点儿也不现实。

要让你的目标既有挑战性，又并非可望而不可及；既现实，又要下一番苦功才能实现——太容易或太难都不好。

> 易变的心啊，总是惹恼我们、
> 击败我们、玩弄我们。

法则 048

有个计划，但要保密

没人知道你脑子里在想什么，没人知道你渴望达到什么高度，没人知道你的真正目标是什么，这样你就可以在干好工作的同时完善计划。你的计划应该包括长期目标和短期目标（你的目的地），这样你将来就有了参照物，可以衡量自己是否成功（有没有抵达目的地）。

为何要保密？因为公司、团队和老板的计划可能与你的计划并不完全一致。这是你的个人计划，你应该保密以保护你的梦想、希望和抱负——烟花还没点燃就被弄湿了，这感觉可不好受。管理者的形象绝大部分都是正面的，一个管理者要能激发员工的信心，要能说到做到。如果员工听到任何不符合完美管理者的自信形象的计划，就会失去信心。你可能正在考虑独立创业，但是，千万不要告诉任何人，否则他们会以为你随时会辞职（即使按照你的计划，几年之内你都会老老实实待在公司里）。如果你的计划是迅速升迁，人们会觉得你有能力、有抱负，但你再也拿不到长期项目，因为你会早早地飞上高枝。不要向任何人透露任何信息，要保持住奉献、承诺、可靠、勤奋和稳定的形象——即使在内心深处，你正在酝酿革命、攀登珠穆朗玛峰或接管帝国。

你的计划应该包括长期目标和短期目标。

法则 049

去掉多余的法则

我知道你在想:"他在搬起石头砸自己的脚。什么?在一本讲法则的书中谈去掉多余的法则?"是的,去掉多余的法则。当然,要去掉的不是我的法则,也不是你的法则,而是别人的法则。你要让团队成员明白,你是站在他们这边的,为了提高效率,你会精简所有程序。这意味着必须甩掉旧包袱。

任何工作场所都会充斥着繁文缛节、官僚主义和之前的管理层留下的旧规章制度。请把它们统统扔掉。你要对你自己和团队所做的一切提出质疑,要摆脱所有多余的、不必要的、遗留下来的东西,使你们的工作更顺利、更高效。这就相当于清理工作中的杂物。

我们很容易墨守成规,拒绝以清晰、全新的视野看待问题。现在,你要做出改变。每天上班时,你都要从外界顾问的视角看待工作,问自己:"为什么要做这个?为什么要这样做?"我敢打赌,你会发现很多杂乱无章的东西。接下来你就要开始大扫除。

我曾经在一家公司工作过,他们有个规定,每一封发出去的信都必须经过一位高级办公室秘书的"审查"。毫不夸张地说,她有点儿像一条恶龙,如果你惹恼了她,你的信就会被沉入深渊,而且永远被封印在那里。为什么信件要经过她才能发出去?我不知道,但我必须努力工作以摆脱这种荒谬做法的影响。如果我能再等上几年,电子邮件就能帮我解决这个问题。

精简、节省时间可以让你的员工更快乐、更值得信赖。真的很简单。

为什么要做这个?为什么要这样做?

法则 050

在犯错中学习

人人都会犯错,如果不犯错,我们就不会成为富有创造力和创新精神的优秀管理者。可是,有些管理者会粉饰其犯下的错误,会将其掩盖、埋葬直至忘却。

作为一名出色的管理者,你不会这样做。你不会因为犯错而深深自责,也不会因为犯错而一蹶不振;你会分析出错的原因,与同事讨论为什么会出错,制订计划以防止再次出错。

我们会犯各种各样的错误,比如对员工的评价不够客观、未能完成销售、对报告考虑不周、对时间或资源使用不当、未能在最后期限前完成工作等。事实上,我们犯过的错误可能数不尽说不完。

一旦犯了错,除了要按上面说的做,重要的是要找到正确的方法,下次不再犯错。

管理者需要不断学习。你不能停滞不前,不能认为自己无所不知(这个想法既不现实,也不可能)。不过,你可以咨询你信赖的人，还可以参考一些能给你指导的优质资源（如果这些参考资源简短、清楚、精练、实用，指导性就更强）。

犯错是好事。你不仅能从中发现哪里出了错，还能学会如何补救。犯错后，你会更有经验，会成为一名更好的管理者。人人都会犯错，重要的是承认错误，从中学习，继续前进。

> 管理者需要不断学习。

法则 051

不能刻舟求剑

你肯定经历过这种情况：你本来在按部就班地工作，突然间数据不达标、销售额下降、员工流动率上升，状况百出。可你做的都是过去一直做的事，并没改变什么。你原本有一套成功方案，但这个方案突然失效了。你该怎么办？首先，不能刻舟求剑。变化发生得特别快，有时你根本反应不过来。你要认识到这种可能，并做好准备，迅速适应新情况。为此，你必须：

- 跟上所在行业的步伐。
- 了解新技术。
- 了解新术语。
- 拥有新的方法论。
- 了解销售、市场趋势、员工流动率、目标和预算方面的变化。

不要固守一成不变的状态。如果有必要，随时准备好掷硬币，做出新的选择。优秀的管理者要能迅速、熟练地适应变化，否则，就会被无情淘汰。

这条法则也适用于其他情况，比如管理员工的方法。多年来，你可能已经有了一套行之有效的管理员工的方法，可这套方法突然失效了。你可以继续使用这套方法，但这样你很快就会流失一部分员工。身为管理者，你最好能做好准备，摒弃旧方法，采用新方法。也许是你自己发生了改变，可你却并没意识到。如果你习惯于刻舟求剑，就会发生这种情况。所以，一定要对那些悄然出现的变化保持警觉。

优秀的管理者要能迅速、
熟练地适应变化。

法则 052

少说废话，分清主次

我曾经在一位经理的手下工作，他很喜欢问我为谁工作。如果我说是为自己，他就摇摇头；如果我说是为他，他也摇头；如果我说是为董事，他依然摇头。他就这样不停地问下去，不停地摇头。最后他说，正确答案只有一个，那就是股东。他说，我们工作的唯一原因是为了获得利润，其他的都是胡扯。他说的很有道理。我们确实是在为股东工作，无论他们是谁。如果你独立创业，那么股东就是你自己。如果是家族企业，没有公开上市，股东可能是董事；如果已经上市，股东可能是数以百万计的小投资者。

所以，别再说废话了。不管别人怎么说，做生意的原因只有一个——利润。一切都是为了赚钱。如果你赚钱了，很好；如果没有，那就走人。很简单。现在你可以用这个简单的标准来衡量你所做的一切。问问自己："这对我赚取利润是否有益？"如果有，就继续做；如果没有，就放弃不干。

说到底，一切都是为了利润。赚不到钱，就做不成生意；做不成生意，就会丢工作；丢了工作，就还不了房贷、买不了车、吃不上饭，更不要想去度假。

我敢说，如果你坐下来，认真看看你所做的一切，你会发现很多都是没用的。是时候分清主次了。少说废话，专心致志地做一件事，而且只做这一件最要紧的事：赚钱。这就是优秀的管理者与其他管理者的区别——有清晰的目标、愿景和专注精神。

赚不到钱，就做不成生意；
做不成生意，就会丢工作。

法则 053

结交圈子里的人

永远记住，认识什么人很关键。在商业往来中，你既会遇到有影响力的人，也会遇到无足轻重的人。你要知道谁有影响力，并跟他们结交。高级管理层往往都有私人助理，这些人同时也是他们的保镖。你必须讨好这些私人助理。这意味着你要展示魅力和风度、讲究策略、小心谨慎、恪守克敌制胜术，还要心狠手辣。

我曾经为一个老板工作过，他有一个非正式的私人女助理，这个人同时也是他的商业顾问，她掩护他、保护他，不让他和员工交谈。她姓伯顿，每个人都叫她伯顿夫人，只有处于老板的核心圈子里的人才叫她 JB。

我也叫她 JB，一开始这样叫时，她总是惊恐地看着我（我只是一个初级经理，没有资格这样叫她），但并没有说什么。几周后，老板听到我叫她 JB，以为我已经被她那个由密友和同事组成的圈子所接受，就开始委派给我更多任务，这意味着她也开始尊重我，因为我显然是老板的心腹（他们互相影响，都认为对方已经接纳了我，所以我得到了双份优待）。

圈子里的人喜欢结交自己周围那些值得信任的熟人，所以你必须认识这些外围人士，跟他们结交，然后成为这些外围人士之一，最后打入圈子。接下来做什么就完全取决于你自己了。

你要知道谁有影响力，并跟他们结交。

法则 054

知道何时把门踢上

作为一名管理者,敞开大门总体上是个好主意,不过,总有一天你会知道,该关上门了,这样你就可以:

- 做一些工作。
- 私下里开个会。
- 让团队知道你不希望被打扰。
- 让团队知道你才是老板,而不是他们中的一员。

显然,像你这样的优秀管理者喜欢敞开大门,这样员工就可以在有需要的时候与你接触。但有时你也有必要在现实中和心理上设立一道屏障。其实,优秀管理的真正秘密是,无论你和团队有多亲密,总有一天,你得让他们知道你才是老板,这很重要。

用民主的方式来管理是非常值得称赞的,召开会议、成立委员会是对的,共同讨论也是有益的。但是,如果逼不得已,你必须准备好承担责任,这意味着你必须摸着石头过河,必须做出艰难的决定，必须有老板的样子。偶尔关上门会让你更像个老板。你不必做一个残酷、苛刻或独裁式的老板，但必须得有老板的样子。

　　有些管理者觉得自己很难做到霸气或"专横"，如果你也是这样的管理者，我建议你练习把门踢上。这是一个具有深刻象征意义的动作，它表明是你在控制周围环境。多踢几次，你的团队就懂了。一旦习惯了把门踢上，你就可以决定谁能在你的办公室里坐下来，以及能坐多久。要想让员工认真对待你，要想树立起威信，这一点至关重要。把门踢上意味着你是管理者（这是好事，相信我），也意味着你可以不受干扰地完成一些工作。只是不要太频繁地将门踢上（没什么比接触不到老板更令人沮丧的了）。

但有时你也有必要在现实中和心理上
设立一道屏障。

法则 055

有效地利用时间，让时间盈利

一旦学会了踢上门，你就会发现自己独自待在一个空荡荡的办公室里。不过，要想成为真正卓越、有效的管理者，你可不能优哉游哉。你要全力以赴，快速、高效地完成工作。接下来，你就可以在长期目标、事业规划和业务培训上下功夫（不能让自己停滞不前，要学点什么）。

没人拿鞭子在背后抽你，这时候努力工作就有点像为自己工作。你得有动力，还得专注、集中精力。这需要不断的练习和训练。人人都喜欢偷懒，偶尔偷偷懒也不错，毕竟我们都需要时间来思考、休息，不过，要有个限度。

不要把"时间窃贼"放进来，让他偷走你的一整天。给自己设一些小小的最后期限。制定一个简短的清单，做完一件划掉一件，这样你最后就会很有成就感。多呼吸新鲜空气，否则你会嗜睡。午餐时不要饮酒，否则下午会睡着。晚上早点睡觉，否则你会在上班的时候补觉。

小心那些浪费时间的人。你要学着告诉别人，你有要紧的事要处理，让他们晚点再来找你。

还要小心电子邮件，它们也是"时间窃贼"，而且往往让你极其被动。"哦，我的收件箱很干净，所有的工作都完成了。"但事实上，你的工作并不是简单地回复邮件或撰写邮件，而是撸起袖子切实做一些事情，比如打电话、找人、销售、检查生产、提交报告。现在就去做吧。要让工作有成效，要盈利。其他一切都可以放一放。

不能让自己停滞不前，要学点什么。

法则
056

要有 B 计划和 C 计划

必须为灾难做计划。不管做什么，都要设立一个"万一"选项。如果不做计划，在突发状况面前，你就会无能为力。永远不要以为一切都会很顺利——不会的；永远不要以为你什么都能做好——有些事情你做不好；永远不要以为技术总会有用——技术会出错；永远不要以为时间充足——有时候时间会不够用；永远不要以为对方会准时出现——对方会迟到；永远不要以为你不会忘记事情——你会的；永远不要以为 A 计划会有用——有时候会没用；永远不要以为 B 计划也会有用——有时候你会发现有了 B 计划也没用。

我想你应该已经明白了。如果出了状况（会的），你要准备好随机应变、适应新情况、克服困难。假设你要发表演讲，你已经准备好了展示文件。可是，如果突然停电了，你该怎么办？如果出了技术故障，你该怎么办？你必须事先想好该如何应对停电、技术故障等突发状况（因为会发生这些情况）。也许今天没发生，但明天就会发生。这些状况会把你搞得措手不及。

当然，真正优秀的管理者不需要 B 计划或 C 计划，因为他们能急中生智，随时准备好随机应变。不过，我认为更明智的做法是不断地问自己："如果这个计划不成功，我该怎如何应对？"这对我每次都很有效。

> 永远不要以为时间充足——
> 有时候时间会不够用。

法则 057

利用机遇
（有运气的成分，但永远不要承认）

如果你睁大眼睛、保持机警，就能发现机遇、机会和一点点偶然的运气。如果你敏捷、聪明、有进取心，就能抓住这些机遇的尾巴，并乘胜追击。这就是运气。要及时把握住机遇，因为机遇转瞬即逝。你无法将机遇纳入计划、预算或报告中，但你的身边就会有各种机遇。事实上，你越是珍惜、维护、寻找机遇，就越能拥有机遇。我们必须相信运气，否则那些我们不喜欢的人为何会成功呢？

不要把事业建立在运气上，这样行不通。我的意思是，我们都会时不时地碰到一点运气。如果碰到了，你必须把握住，顺其自然，然后保持沉默。不必总是说实话，但也不要装出谦虚的样子，这令人生厌。如果你很幸运，就说"这是一次幸运的突破"，但说的时候要让人知道，几个月的精心策划、多年的研究、几十年的经验都是成功的原因，因为这就是事实。

没有所谓的纯粹的运气，不过，所有那些工作、经验、研究和规划都会带来一些看似偶然的机会,你要将其把握住,否则,这一时刻就会飞逝,而你也不会有任何转机。不过,如果你能学会识别和利用机会,就可以搭上机会的顺风车。这一切都取决于你。如果你的业务能力不够强,运气就不会出现。如果你不是一个特别优秀的管理者,就无法飞快地抓住时机并对其加以利用。

正如美国总统托马斯·杰斐逊(Thomas Jefferson)所说:"我笃信运气。我发现我越努力工作,我的运气就越多。"

如果你的业务能力不够强,运气就不会出现。

法则 058

认识到自己处于压力之下

优秀的管理者会避免自己陷入高压状态。为什么呢？因为压力会起反作用，它不会给你带来好处。处于压力之下的管理者，吞着降压药但依然成功完成了交易，这种传统形象其实已完全过时。现代管理者悠游自在、不急不躁、魅力十足、深思熟虑、小心谨慎，工作尽在其掌握之中。作为管理者，你不需要压力。真的不需要。对，你需要兴奋、挑战、热情、振奋和刺激，但你不需要压力。

兴奋和乐趣本是好的，可一旦过了头，就变成了压力。你不再热爱工作，而是开始害怕工作；你不再感到兴奋，而是感到恐惧。这与其说是挑战，不如说是冲突。

那么，你如何体验压力？这是个人的事情。我知道我何时在承受很大压力，因为那时候我会大喊大叫、不讲理、提很多要求、不讲礼貌、急躁、不放松。可这只是我的情况。你可能表现为抽烟更凶或酗酒，或者不睡觉、不吃饭（或吃得太多、太急或吃太多垃圾食品），或者可能表现为神经衰弱（睡得太多）、惊恐发作、抽搐、抽动、莫名的恐惧、做出不当行为、开车太快（我也有这个表现）。如果你不知道自己有什么表现，问问熟悉你的人，他们会告诉你。

当我注意到自己有一些压力导致的症状时，我会抽出时间来查看：

- 为什么有压力？
- 是什么导致了这种压力？
- 我可以做什么？
- 怎样才能防止再次出现这种情况？

我不喜欢有压力（我的孩子们说我很可怕），不允许任何工作损害我的健康。我知道如何冷静下来（一旦我注意到压力水平已经攀升，我就会有效地将其降低）。我知道什么对我有用。什么对你有用呢？

对，你需要兴奋、挑战、热情、振奋和刺激，但你不需要压力。

法则 059

管理自身健康

在管理健康方面,我们很容易拖沓。现在就行动起来吧。一般的建议是:

- 正确地就餐——在一个令你放松的环境中坐下来,慢悠悠地享受美食。
- 吃恰当的食物——瘦肉、新鲜水果、蔬菜、粗粮,不吃垃圾食品,不吃加工食品。
- 喝大量的水。
- 保持良好的睡眠——每晚都如此。
- 停止思虑——笑一笑,玩一玩,享受与工作无关的东西。
- 定期进行基本的健康检查,及时发现重大疾病,如前列腺或乳腺肿块。
- 在舒适和安全的环境中工作。
- 时常为自己做胆固醇水平、血压等方面的检查。

- 有支持你、爱你的亲友和爱人。
- 有某种信仰,在危机时刻能支持你。
- 锻炼身体。
- 注意体重。
- 适度饮酒。
- 不要吸烟。㊀

当然,你不必做这些事中的任何一件。你是个成年人,可以自己做决定。不过,如果你想长寿、发达,现在就要考虑这些建议,你会得到好处的。

> *如果你想长寿、发达,*
> *现在就要考虑这些建议,你会得到好处的。*

㊀ 在所有措施中,这一条显然是最重要的,它对你的整体寿命和健康的贡献比其他所有措施加起来还要大。

法则 060

准备好接受痛苦和快乐

为生计而工作总是喜忧参半。你的职位越高,情况就越是如此。初入职场时,我一名低级会计员,那时我已经习惯了无聊、无所事事、厌烦、沮丧,对工作感到厌倦。当我升为总经理时,我吃惊地发现,我同样感到无聊、无所事事、厌烦、沮丧,同样对工作感到厌倦。

在我初入职场时,我没想到自己会有那种感受,当我升到高位时,我也同样没想到自己会有那种感受。我毫无准备。我期望每天都充满戏剧性、令人兴奋、极具挑战性,我期望工作的要求很高、很刺激。而当真实的情况并非如此时,我很失望。

当然,现在我意识到,不可能每一天都那么精彩,有些日子会很无聊。是的,有些日子的确充满戏剧性,让你的肾上腺素飙升,但更多的时候是很无聊。你得准备好接受痛苦和快乐。你得调整自己的预期,这样你就不会在无聊的时候感到厌倦,也不会在极度兴奋的时候高兴得昏过去。

问题是,如果日子很无聊,你可能会忍不住想搞点破坏来活跃一下气氛。如果你动了这种念头,最好是对其置之不理,让它慢慢消散。作为一名管理者,你没有搞破坏的权利(当然,除非是以某种创新的方式)。

你得调整自己的预期,
这样你就不会在无聊的时候感到厌倦。

法则 061

面对未来

无论你现在在做什么,情况都会发生变化。未来很快就会降临到我们身上,这是不可避免的。情况会变,必须如此。现在和你一起工作的人会离开你的团队。你的销售业绩可能会提高,也可能降低。你的老板可能会退休或转行。你的客户会变,你的同事会有所不同。你,也会改变。

所有这些变化都会发生。聪明的管理者不仅要接受这些变化,还要为其做好准备。之前我们讨论过 B 计划和 C 计划,但这里不一样——这不是为了应对某个具体的危机,而是要让自己有足够的灵活性,能始终保持领先。这意味着,当变化发生时,你可以渡过难关,不至于被变化抛离轨道。

我曾经为一家公司工作过,该公司在一年内被接管了两次。每次被接管后,新来的人都要实施一系列变革。他们想用"他们的方式"来做事情。这很好,但在第一次变革之后,还没等我们喘过气来,公司就被再次接管了。

我看到很多人半途而废，他们不得不保持极其灵活的状态，这种压力太大，他们无法应对。我自己也差一点成为这样的人。那段时期很艰难，但我当时就看出，抵制变化是徒劳的。只有接受变化，我才能生存下去，而且不仅要生存下去，我还要使变化对我有利。我越是面带微笑，抱着一种"放马过来"的态度，就越会在变革中被委以重任。风暴袭来时，其他管理者就像是橡树，而我则是柳树。我弯曲、摇摆并存活了下来。他们抵制、坚守，因而被刮掉了树枝。

你也必须面对自己的未来。你会转行吗？你是否已经对这份工作、这个行业和你在其中的角色感到厌倦？有些事情今天让你兴奋，但十年后可能就不会了。

抵制变化是徒劳的。
只有接受变化，我才能生存下去。

法则 062

要抬头，不要低头

对生活采取低头的态度是很容易的，难的是抬头挺胸、保持愉快。你的杯子是半空还是半满？如果是半空，也许你需要一个假期、一个再培训计划、一些新挑战、一份新工作、一个新部门、一个新团队，或者仅仅是一个新方法。生活总是在近距离向我们开火，让我们连躲避的时间都没有。管理者的工作并不总是轻松、快乐的，你会感到疲惫、沮丧、无聊、无精打采，会随时想辞职。我们都会时不时地有这种念头。做管理者可能会让你感觉是一件吃力不讨好的事儿。各种事情从四面八方朝你涌来。我一直不确定该从上往下处理好，还是从下往上处理好。但我敢打包票，夹在中间、上下受敌的感觉可不好。

抬头既是一种肯定（遇到问题时要不断肯定自己，不过要默默地说，而且只能对自己说，否则别人会把你孤立起来），也是对身体发出的一个指令。你可以练习在身体上和情感上（或许还有精神上）抬头。

照镜子时，试着抬起头说："我感觉很惨。"你会笑的。反过来试试。低下头，说："我感觉很开心。"你同样会发现自己高兴不起来，而且感觉自己好傻。

你会笑，可你必须得照镜子。不过也有可能你看起来总是笑眯眯的。不管怎样，这都很有趣。

进入房间时要抬头，主持会议时要抬头，做报告时要抬头，与人打招呼时要抬头，与员工交谈时要抬头，与客户交谈时要抬头。在漫长而忙碌的一天结束、你准备上床睡觉时，可以低下头——这时你知道你这一整天都很自信、生气勃勃、大胆。做得漂亮。

> 练习在身体上和情感上
> （或许还有精神上）抬头。

法则 063

既要见木，也要见林

你要看到全局，只盯着自己或自己部门的一亩三分地是不行的。你甚至不能把目光局限于你的公司，甚至是你所在的行业。你始终要有更广阔的视野。优秀的管理者（也就是你⊖）需要很好地掌握政治（国内政治和国际政治）、社会历史、国际事件、国家计划、环境、当前立法、拟议立法⊜和技术上的发展（可能影响你的行业，也可能不影响）。

不过，你也得密切关注那些在你眼皮底下发生的事情——你的团队、你的部门、你周围的环境、各种细枝末节甚至全局。

如何能找到时间来思考这些事情呢？如何去反思、分析、预

⊖ 我一直在说"也就是你"。你可能很好奇我是怎么知道的。因为你正在读本书。糟糕的管理者认为自己无所不知。你已准备好阅读、学习、寻求他人的建议、拓宽视野、有自己的观点、与时俱进、跟上新想法，并一直读到此处、保持开放的心态。这很好。你很优秀。

⊜ 不，不仅仅是影响你的行业的立法，而是所有大方面的拟议立法。这种"附带"效应对你的影响很频繁，会令你惊讶。

测？方法就是把这些事情记录在日程记事簿里。这就是真正成熟的管理者的做法。如果你想成为一个有才华的高级管理者，就要认识到给自己思考空间的重要性。有时在旅行时，你会有这种机会（不过一定要有计划地分配时间，并合理使用时间）。有时你得在日程记事簿中留出一两个小时，保证自己不受任何打扰。如果有人问起的话，你就把这段时间称为"做计划的时间"——优秀的管理者都懂。

聪明的管理者必须要耳聪目明，要拥有智慧，还要思想开放，能接受新的观点、创新和趋势；必须既要见木，也要见林。

> 只盯着自己或自己部门的
> 一亩三分地是不行的。

法则 064

知道何时该放手

有时真的很难放手,很难知道何时该停止。可有些项目就是干不成;有些团队成员永远无法融入;有些老板永远让人无法与之共事;有些情况必须停止,别无他法。

好的管理者本能地知道何时该退缩、何时该脱离困境、何时该撤退、何时该轻松而不失尊严地离开。这条法则是给你的,但也是给所有胡搅蛮缠、不听话、试图为无法辩护的事情辩护的人。来吧,伙计们,要知道何时该退出,要知道何时该放手。

一名好的管理者知道何时该举起手承认:"是的,我搞砸了。这是我的错。我投降。"无一例外,你会得到原谅,因为这样一种诚实、直接的手段让对方懵了,不知道该如何处理你。

如果不知道何时放手,你就会积累愤怒、怨恨、压力、嫉妒和痛苦。要学会耸耸肩走开。不必原谅或忘记,只需放下、走开。

商业领域有一个说法,出气比生气好。可出气也是生气,只是需要更长的时间而已。放手吧。把精力放在下一件令你兴奋的大事上。

要知道何时该退出,要知道何时该放手。

法则
065

要果断，即使有时这意味着你错了

我敢打赌，你一定很讨厌那种因为担心做出错误决定而拒绝做出决定的管理者。这种管理者闪烁其词、优柔寡断、胆小怕事，不到最后一刻不做决定，而此时往往为时已晚。还有的管理者干脆等着别人替他们做出决定。我就曾经为这样的管理者工作过。他们不知道该往哪边跳，所以骑墙观望（还都打着害怕的旗号）。没什么比这些人更令人恼火的了。他们害怕做出决定，因为会出错，并且可能因此丢掉饭碗。太没劲了。与其坐在那里，吓得不敢行动，不如选择一条路跳下来。怕什么啊！

假设你做的决定最后的确是错误的。其实，有时在一些重大错误中会神奇地闪现出一线生机，我们会为化险为夷欢呼，并会想方设法更好地效力，尽管有时我们并不知道自己在做什么。我希望你能成为这样的神奇管理者。在这种有很强直觉的管理者身边，一切都可能发生，而且都会发生。如果你想骑墙观望，那就换一本书来读。

这里并不是说做决定时可以鲁莽、草率，无须考虑周详。我是在假设，作为一名优秀的管理者，你最终做出决定，那么你一定已经查看了一些摆在你面前的证据，对其进行权衡，也许还征求了其他人的意见。我指的是这个过程中的一个关键点——在这个点上，你因为害怕犯错，很想逃避做决定。

我指的是勇气，承认自己有时会出错的勇气，承担风险的勇气，积极地去害怕的勇气（因为害怕而骑墙观望与做出重大决定后既感到害怕又感到兴奋有很大不同）。

你所要做的就是看清事实，权衡利弊，征求意见，听从自己的直觉，然后做出决定。要充满动力，要大胆。

与其坐在那里，吓得不敢行动，不如选择一条路跳下来。

法则
066

采用极简主义的管理风格

极简主义意味着不发布冗长的报告,不会每隔二十分钟就发一次内部邮件。极简主义意味着制定最少的规则 ⊖,让人们安心干工作。极简主义意味着工作说明要有意义、明确、易理解、简单。极简主义意味着要任用专业管理者,让他们安安静静地完成自己的工作。极简主义意味着管理者自身有安全感,不需要获得嘉许,也不需要欺负或干涉别人。

极简主义管理就是要少做、多得。是的,你当然是老板,可你更像是在驾驶一艘大船——轻轻摆舵就够了。如果你猛烈地左右摆舵,就会在瞬间偏离航线。

中国有句古话:"治大国若烹小鲜。"也就是说,不要一直摆

⊖ 不,不是这些法则,我指的是那些琐碎的规则,比如,必须打领带,必须在茶歇的时候吃一个甜甜圈而不是两个,必须称呼高级管理人员为××先生/夫人而不是喊他们的名字,必须把车停整齐,必须穿合适的鞋子,等等。你知道我的意思。

弄，否则就会散架。管理一个部门、团队或公司的方式差不多，要柔和、谨慎、不引人注意。宁可低调也不要大张旗鼓。

极简主义管理就是要少做、多得。

法则

067

心中有一块蓝色牌匾

如果你写了一本畅销书,你去世后,人们就会在你出生或居住过的建筑外面,或者写这本书时住过的那栋建筑外面挂一块蓝色的牌匾——只要是在伦敦。⊖ 这块蓝色牌匾是为了纪念这样一个事实:你活着的时候做了一件好事。如果你没做那件好事(写畅销书、增加人类的识字量,并且能在伦敦生存下来),就得不到那块蓝色牌匾。

现在想象一下,如果有一块为管理风格而设的蓝色牌匾,而且不限于在伦敦,你会因为什么而得到它?你真能得到吗?总的来说就是,你希望因为什么而被铭记?我曾经为一个老板工作过,他的管理风格很古板,这还是客气的说法。他每天进来时,就会对他看到的第一个人大发雷霆。不管这个人当时在做什么,他都会将其狠狠训斥一顿。接下来他就会去自己的办公室,喝上半小

⊖ 我敢肯定你会去世,不过你不必非得写点什么。成为音乐家也可以(就连吉米·亨德里克斯都得到了一块牌匾)。现在在伦敦以外的地方也有蓝色牌匾了。

时咖啡。然后,他会到工厂巡视,并夸赞他看到的第一个人;不管这个人在做什么,他都说他做得特别棒。我问他为什么要这样,他说:"要让他们保持警醒。他们永远不知道我是怎么想他们的。如果他们害怕,我就能更好地利用他们。"他得不到蓝色牌匾。

我之前就说过这件事,因为二十多年后,我仍然对它念念不忘,这是我所遇到过的最无能、最欺负人的愚蠢行为。现在,他还在工作,还是那家公司。是的,他几乎没得到任何提升,因为他还在做着和我认识他的时候差不多的事情,可是他还没丢饭碗。我不买那家公司的股票(从未买过,也绝不会买)。

我想要一块蓝色牌匾。我想得到它,想成为有史以来最好的管理者。我想得到它,因为我善待我的团队、取得了成果、制定了标准,取得了巨大的成功,我的团队愿意为我工作。

你希望因为什么而被铭记?

法则 068

有原则并坚持原则

想想看,你得有原则。如果没有原则,你最终会鄙视自己,因为你要么负债累累,要么锒铛入狱。当然,即使有原则,你最终也可能会陷入这些境地,但至少你可以说"我有我的原则"。

你的心中得有一条不能跨越的线。你得知道这条线划在哪里。别人无须知道,但如果他们要求你越过这条线,你就要让他们知道这条线的存在。这条线上必须有一堵 10 英里(1 英里 =1.609 千米)高的坚固钢墙。你绝不能跨越它,无论如何都不能。

我有一个朋友,她的老板曾经要求她伪造一封正式的警告信,用于在法庭上出示,因为一名被解雇的员工声称遭到了不公平解雇。你会伪造这封警告信吗?你认为这个人是否遭到了不公平解雇?这一点重要吗?假如这名员工的确被警告过,但没有留下书面记录怎么办?假如你和你的老板都确信当时一定有书面记录,但你们现在却找不到了怎么办?在这个例子中,我并非要告诉你孰是孰非;我想说的是,关于是非曲直,你得在心中有个判断,并坚持自己的观点。

那么，你会在哪里划定你的界限？曾有人让我做一些我不喜欢的事，也曾有人让我做一些让我觉得不愉快的事，还曾有人让我做一些我非常厌烦的事。但每当有人要求我越过我的底线时——幸好在漫长的职场生涯中只有一两次——我都能说"不"，并坚守底线。每一次我得到的都是赞许，而不是丢掉饭碗。

你的心中得有一条不能跨越的线。
你得知道这条线划在哪里。

法则 069

遵循直觉

我们的内心深处有个声音会告诉我们，我们做得是对还是错。当然，我们也可以无视内心的声音，但如果这样，我们就违背了本心，惹上了大麻烦。我们内心的直觉可能并不总是很强烈。但如果我们有了强烈的直觉却不遵循这种直觉，那就太愚蠢了。

问题是，我们的大脑的反应也会很强烈（始终如此），我们会将两者混为一谈，以为自己在遵循直觉，而实际上只是大脑中产生了恐惧、嫉妒或其他情绪。

那么，如何分辨呢？假如你正和某人谈论你们即将实施的一个新系统，尽管他看起来很积极，但你内心却有一种奇怪的、冰冷的感觉，那就要注意了。花点时间想想原因。跟别人讲讲这种感觉，看看是否会再出现这种感觉。重新审视你们的方案，从各种角度来考察，考虑到所有利益相关者。现在，你还那么确定吗？

如果你对某项提议或决定有种不好的感觉，千万不要因为太骄傲或太懒惰而不愿去获取更多的反馈，一定要征询别人的意见，或者重新思考。

回想一下你以前做过的那些英明的决定或糟糕的决定。当时你有什么感觉？在执行某个行动方案之前，你是否在内心深处知道这个方案是有缺陷的？你后来还有过这种感觉吗？

直觉是很难培养的。但如果你养成了"倾听"内心声音的习惯，你的直觉雷达就会更灵敏。当你的直觉告诉你某件事情不对时，你就知道该怎么做了。

但如果你养成了"倾听"内心声音的习惯，你的直觉雷达就会更灵敏。

法则 070

要有创造性

好的管理者会有满满一兜子创意技巧,一旦他们遇到困难,或者团队遇到困难(每个人都会时不时地遇到困难),就有可以依靠的东西。有创造性是指能寻找新的、不同的方法来解决问题。遇到困难时,如果你感到焦虑,那就去打理花园、洗洗涮涮、放风筝或干点其他什么,总之让自己沉浸在手头的事情中,答案就会浮现出来。

要想获得富有创造性的技巧,大多数时候你需要关闭有意识的大脑,让它停止思考,然后启用大脑深处更直观的那部分。这部分隐藏着很多我们通常无法获得的答案。我们在睡眠、冥想或使用创造性思维技巧时,进入的就是这部分。

你可以观察一些你钦佩、尊重的管理者的做法。他们可能有非常丰富的创意技巧,偷偷学几个,好好研究一下创造性思维。了解一下那些聪明的管理者在做什么、想什么、尝试什么。问问你的领域之外的人,看他们会怎么做。不要害怕自己的想法很怪异或荒诞不经,毕竟,一些最优秀的创意都来自梦想。

———

让自己沉浸在手头的事情中,
答案就会浮现出来。

法则 071

不要停滞不前

你是领导者还是管理者？这个问题其实不公平，因为到目前为止，这本书都在讨论如何将你打造成为一名高效的、令人刮目相看的优秀管理者。可是，真正优秀的管理者也是领导者。他们鼓舞人们、激励人们、激发人们的热情。他们吸引人们飞蛾扑火般地朝他们扑过来。他们有魅力、有活力、有格调。这样的人的确是领导者。

但他们也是优秀的管理者。从事太多管理工作会使你停滞不前。你必须醉心于变化，要寻求新的挑战，要保持警醒，要找到做事的新方法，要以全新的、令人兴奋的方式激励你的团队，要引进新技术和新想法，要开创趋势、跃过藩篱、点燃火焰。不能让人看到你停滞不前，否则你就会生锈，成为泥塑木雕，人们就不会再注意到你。

我知道你今天有一大堆工作、明天有会议、下周有董事报告，因此有时很难将目光放得更长远。可你必须行动起来，否则就会停滞不前。每天、每周都要留出一点时间（半小时就可以）来思考具有变革性的新方法。为什么？因为如果不这样做，你就会陷入到日常的、单调的、常规的工作中。是的，你是管理者，但你也是创新者、推动者、激励者、领导者和潮流引领者。

如果你已经生锈，已经变成了泥塑木雕，就必须努力工作，摆脱这种形象。不要摇身一变，那会把别人吓着，要一点一滴地改变。

真正优秀的管理者也是领导者。
他们鼓舞人们、激励人们、激发人们的热情。

法则
072

要灵活,做好转行准备

总有一天,你需要转行。其他的工作在等着你去做,其他团队也在等待你来领导。你可能不得不收拾好营地,立即出发。所以,你要睁大眼睛,寻找机会。托马斯·爱迪生曾经说过:"大多数人都会错过机会,因为机会总是身穿工装,外表酷似工作。"

记住你的长期计划(我打赌里面没有"在这里待到退休/天荒地老"这类想法),始终看向远方。

做一名优秀、出色的管理者往往意味着会有人寻找你,你会被猎头相中,会被挖走。你会受到诱惑,要做好准备。这并不意味着你必须辞职,不过你要对对方的报价持开放态度(多么值得骄傲啊)。

保持警醒,准备好横向移动;做好准备,看看有没有什么不寻常的机会。如果这是你的长期计划,也许你还要准备好单独行动。

是否应该为放弃团队而感到内疚?不,你有自己的事业,变动是正常的。你走之后，可能会给原公司吹进新鲜空气，吹走蜘蛛网，你的团队可能会因此受益。我曾经离开过管理岗位，我的员工对我敢于离开、敢于展翅高飞、敢于去"别的地方"感到特别惊讶，仿佛那是一个黑暗而危险的国度，会把我吞噬。当然，一旦离开，我就获得了"逃兵"的名声，可这总比让人觉得"这个人总算走了"要好。

保持警醒，准备好横向移动；

做好准备，看看有没有什么不寻常的机会。

法则 073

牢记目标

我的作家同行卡梅尔·麦康奈尔（Carmel McConnell）在《出人头地：要在乎一切》（*Get Ahead: Give A Damn*）中说："快乐、有成就感、全力以赴但有人支持的人通常会在工作中取得最大的成就，从生活中获得最大的收获。他们会排干很多沼泽，而且干得很开心（虽然听起来很奇怪，排干沼泽居然会是一种非常愉快的职业）。可是，很多人看到的只是里面那几条鳄鱼……那些具有颠覆性的障碍，它们阻碍我们过上富有成效、拥有成就感的生活。有些障碍是我们自己制造的，有些是其他人设置的。就是这样。"

我的朋友，你的目标是什么？我们都有不同的追求。你可能会说，"为股东创造利润"，可你只是想给出一个你认为我想要的答案，想讨好我。我不需要。

记住，即使被鳄鱼咬住了屁股，你的目标也是排干沼泽。当然，具体到工作中，你的目标有很多，排干沼泽的方法自然也有很多。你的目标可以是执行下一个项目、制定下一个预算、通过下一次面试、完成每周访谈或纪律访谈。你的目标可能是长期的，也可能是总体的职业规划。咬你屁股的鳄鱼可能是同事、顾客、客户、老板、员工、家人，都有可能。但他们确实妨碍了你排干沼泽。

这条法则讲的其实是要专注于自己的目标，这样你就不会被周围的一切胡言乱语所干扰。保持专注，无论何时都盯紧目标——不管这目标是什么。

> 保持专注，无论何时都盯紧目标——
> 不管这目标是什么。

法则 074

记住：并非非你不可

我曾经和一位出色的经理共事。不幸的是，他已经去世了，但我记得他教给我的所有管理知识。他和我们一样（看起来是这样）。表面上看，他很有商务范，谨慎、有魅力、高效、努力工作，可在内心深处，这个人不为任何人工作，只为他自己工作。

鲍勃是一个个人主义者、规则破坏者（但他破坏的不是这些法则，相反，这些法则大部分来自于他）、反传统主义者、特立独行者。他踩着一条微妙的界限。他是那个"酷酷的家伙"。他是"永远不让人看到自己干了什么的管理层"。

当然，他完成了工作，而且做得非常好，不过在管理方面，他可是个叛逆者。有一次，公司安排他和我去参加一个管理人员培训课程。猜猜看谁没来？是的，鲍勃。他不打算为任何人搭乐高。

我去了。我搭了乐高。我遵守了公司的规定。猜猜谁得到了晋升？是的，又猜对了。鲍勃。

那还干个什么劲？是啊，我抱怨过。鲍勃会说："并非非谁不可。"而且他是认真的。从字面上看，不是每个人都得干工作。我们不必非得做这个工作。不管什么时候，只要我们想走，就可以走。这意味着是我们自己选择干这个工作的。我们自己选择每天都来这里。如果我们自己选择干这个工作，那么这肯定意味着我们在享受这个工作。否则为什么要干，对吧？如果不享受，我们就应该选择不干。

总的来说，鲍勃的意思是："不要再抱怨了，要么享受，要么离开。"当然，这并不是说你不能指出错误，但如果错误得不到解决，你最好学会忍受。要么享受，要么走人，让能做好这个工作的人来做。并非非你不可。

> 不要再抱怨了，
> 要么享受，要么离开。

法则 075

回家

我曾经跟一位经理共事过,他每天熬夜、早起、不吃午饭,上班时每一秒都在低头苦干。猜猜看,谁得到了晋升?对,又是法则 74 中的鲍勃,那个"酷酷的家伙"。

鲍勃最喜欢对我说的一句话是:"回家吧,理查德。你有家庭,回去看看家人,不然他们连你长什么样都忘了。要么回家,要么就给他们寄一张照片,否则他们真会把你忘了。"我自然就回家了。鲍勃也是如此,经常如此。事实上,他工作的时间太少了,所以他又被提升了。

他的秘密是什么?他的团队(我是其中一员)愿意为他做任何事情。我们付出的努力超出了他的期望。我们绝不愿意让他失望。鲍勃在他的员工中激发了忠诚度,我后来很少见到他这种管理方式。他让我们所有人都感觉自己是成年人,觉得自己受到了信任和尊重。他从不对我们大喊大叫,不辱骂、利用、强求我们,也从不让我们劳累过度,从不羞辱我们。我从没见过他迫于无奈而处罚什么人,从来没有。他很有魅力,很迷人,很冷静,很放松。他对我们十分耐心,也十分细心。

他说,他的秘密是家人。他为家人工作。他很喜爱他的孩子,他宁愿在家里陪伴孩子也不愿意去工作。他对家人的爱显而易见,对自己身上的"幸福的居家男人"这一标签非常自豪。他经常谈论他的孩子和妻子,显然对他们非常满意。

他从不熬夜,因为这是对他最重要的家庭的不忠。这让他很有深度。他全面发展,很平衡。他很放松,无须在工作中证明自己,因为他在家庭中得到了满足。我曾与一些彻头彻尾的混蛋共事过,可以说,他们唯一的共同点就是家庭生活不幸福。他们的大本营溃败不堪,这一点表现得很明显。所以,我亲爱的朋友,回家吧!

他无须在工作中证明自己,
因为他在家庭中得到了满足。

法则 076

不断学习（尤其是向对手学习）

我们都听说过这样的管理者：如果他们的竞争对手抢占先机，他们就会很生气；如果失去了某个订单，他们就会大发雷霆，抱怨这不公平；如果某个客户对他们失去兴趣，他们就呼天抢地，说自己被算计了。错，错，错。相信我，如果你的竞争对手正在窃取你的想法、你的顾客、你的合同、你的客户、你的销售量、你的员工和你的收入，那么除了你自己，你没人可以指责。同时，你获得了一个提高自己水平的学习机会。

没什么比一个好的竞争对手更能教会我们一些东西了。他们在做什么？我们可以从中学习到什么？怎样才能效仿他们？怎样才能把他们正在做的事情真正做起来？如何超越他们，扩大我们的市场份额？

每周花一些时间去查看竞争对手在做什么。要知道，如果他们很高效（竞争对手总是很高效），肯定也在查看你在做什么。花一些时间去了解竞争对手，和他们分享，互通有无。瞧，如果你有五个主要竞争对手，你就是在给每个竞争对手提供一部分关于你们的信息。不过沟通是相互的，这五个竞争对手也会给你提供一些想法、信息、研究情况。我们不应该害怕竞争，要迎接竞争。竞争使市场增长。竞争使你保持警惕。竞争给了你一个实战机会，而不只是一次训练或练习。更何况，你不用搭乐高。

你不是在害怕竞争，其实你真正害怕的是自己的无能。如果你知道自己做得很好，竞争对手就打不倒你；如果你做得不好，竞争对手就能轻松战胜你（你很清楚这一点，就像你很清楚你自己做得好不好一样）。

> 你不是在害怕竞争，
> 其实你真正害怕的是自己的无能。

法则
077

要有激情，要大胆

如果对工作都没有激情，你还能对什么充满激情？瞧，除了睡觉，你在工作上花费的时间比其他任何事情都多。所以，你必须对工作充满激情。你肯定喜欢谈恋爱，可它不像你的事业那样持久。你对食物有激情，可你一天也只吃三顿饭而已。工作却是持久的。很多人对生活、爱好、家庭、假期充满激情，却把工作看成是令人恐惧的事情，是必须要完成的苦差事。如果你是这样的人，那就回家去吧，待在家里别出来，为那些对工作充满激情的人腾出空间。不过我敢肯定那不是你。

当我初入职场时（我干过几个工作），在开始接受培训之前，我就阅读了关于这个行业的资料。我了解了该行业的历史、有哪些名人、有什么掌故、是如何演变的、围绕该行业有什么立法、与该行业相关的一些传统是如何产生的。这样，当我正式入职后，我就像是一部行走的百科全书，里面装满了各种事实、轶事和历史。当我得知这个行业的其他从业者对这些几乎一无所知时，我震惊不已。我充满激情，不过似乎只有我一个人如此。我发现只有一小群人对他们的工作上心。这些年来，我又遇到了很多这样有激情的人，但远远不够。

一旦有了激情，你就可以大胆起来，因为你有了那种动力、那种热情、那种勇气、那种兴奋。大胆意味着可以承担风险。承担风险意味着风险会得到回报（并非总是很丰厚，但往往足以让你获得有抱负的人、实干家、成功人士的名声）。

有激情意味着对你所做的事情很上心。不仅仅是装装样子，而是真真切切地上心。你充满动力，对工作始终都很兴奋、热情。你知道所做的事情是有意义的（不仅仅与金钱、地位或福利有关），是在对人们的生活、环境和社会做出真正的贡献。如果没有激情，你是怎么了？如果你有激情，对什么有激情？现在还没有激情，要等到何时？

> 一旦有了激情，你就可以大胆起来，
> 因为你有了那种动力、那种热情、
> 那种勇气、那种兴奋。

法则 078

做最坏的打算，但怀有最好的期望

作为一名管理者，你应该为最坏的情况做准备，并怀有最好的期望。最坏的情况是什么？为了看世界杯决赛，全体员工都打电话请病假？失去了大订单？销售额下滑到零？大楼被烧毁？全国性罢工？流感疫情暴发？石油泄漏？健康和安全问题导致停业？所有这些或其中任何一个都会对你的预算造成破坏。

那么，万一发生最坏的情况，你有什么应急方案吗？恐怕没有吧。你得有应急方案，规划好发生恐慌时的逃生路线、制定出危机管理的程序、准备好行动方案且稳操胜券、选好替代人员、制定出替代收入来源。总之，你必须得有一个应急方案。

不过，你有可能永远不必实施这个方案。如果你运气好，它将永远只是一个方案，仅此而已。可你必须得有个方案。

当然，你还可以希望最坏的情况永远不会发生。有一次，一个特别委员会成员问我，假如我的公司里发生重大炸弹恐吓事件，我会怎么做。我的回答是："希望这是个恶作剧。"这让他大笑，可根本没有为我赢得任何赞赏。"方案呢?"有人问我。我说:"哦,方案啊,我也有一个。"这时我可能已经给他留下了点好印象。有个方案就有很大希望。

——————

有个方案就有很大希望。

法则 079

让公司看到你的支持

为了让公司看到你的支持,你得做一些具体的事情。比如:

- 买一些股票。
- 阅读公司简讯(最好能参与编辑)。
- 支持公司的运作。
- 表现出兴趣。
- 提出问题。
- 让人注意到你对公司的兴趣,并让人以某种方式将其记录下来。
- 关注你对公司的贡献,而不是从公司得到什么。
- 使用公司的产品或服务。
- 积极地说公司的好话。
- 平时多总结公司的优点(如被问及,要有一个现成的回答)。

- 了解公司的使命宣言和理念。
- 对公司的产品和/或服务了如指掌。
- 了解公司的历史——形成、兼并和收购等,了解公司的长期目标和关键人物(创始人等)。
- 了解公司的社会地位,以及公司为社区所做的工作。

在任何情况下,都不要——永远不要——说公司的坏话。

"可是,这样的话我不就成了蠢货、马屁精、好好先生、跟班、公司的喉舌了吗?"不会的。只要你说的方式正确,就不会。如果你只会重复一些陈词滥调,而且表现得不真诚,别人就会认为你在表演,知道你只不过是公司的一个走卒。但如果你态度坚决,别人就会效仿你。要让自己成为榜样。要直言不讳地赞美公司,尽管这样做确实有些不合时宜。你能做到,不过一定要真诚、大胆。

"可是,如果我对公司的感觉不那么好呢?"那就离开吧。这是一个双向选择。公司聘用你,你为公司工作。你付出,公司也付出。你索取,公司也索取。如果你对这种关系不满意,那就离开。你必须爱你的公司,把公司当成你的恋人。如果你的感情生活很糟糕,你打算怎么做?放弃、闭嘴吗?我希望你不会这样做。

要让自己成为榜样。

要直言不讳地赞美公司。

法则 080

不要说上司的坏话

好吧,假设你的上司是个混蛋,你无法忍受为这种人工作,你要告诉你遇到的每一个人这个上司是个超级傻瓜。能这样做吗?当然不能。在任何情况下,你都不能说上司的坏话。那么,如果你的整个团队都知道你的上司是个没用的家伙,他们也向你明确表达了这个观点,你要认同团队的观点吗?不,不要,绝不要。如果你找不到什么好话,那就什么都不要说。即使上司活该,或者你觉得他活该,也不要贬损他。

上司就是上司。如果他真那么可怕,就不要为他工作,换个地方。如果你决定仍然为他工作,那么这是你自己的选择,你就必须坚持下去、忍受下去、支持下去、相信下去,否则你会疯掉。

如果你的上司让你做噩梦,你要做的就是扭转这种局面。先让上司信任你,接着让他向你放权,然后让他把责任移交给你,最后取代他。很简单,是不是?显然不是。但是,如果你认真地下了决心,就必须采取这些步骤。

要当心你对你上司的评价，千万不要让你的话传到他的上司那里（你的上司可能是眼前这个人的红人，他不喜欢听你讲你上司的坏话），毕竟，你的上司是他提拔上去的。如果你公开质疑他的这一决定，就会使自己处于危险境地。

我曾经为一个彻头彻尾的混蛋工作过。他酗酒，结交一些坏朋友，大多数时候都浑浑噩噩。有人向总部投诉他，总部派了一个代表团来调查他。包括我在内的十二名初级经理都被问及他的行为。我拒绝合作，什么也没说。一年后，我的上司还在这家公司，我也还在这里，但另外十一名初级经理都不在这里了。这件事给我的启示就是，如果不能说好话，就保持沉默。他怎么留下来的？我不知道。我是怎么留下来的？不知道。他信任我，我埋头干好我的工作；他的行为没对我造成太大的影响，我也应对了过来。

如果不能说好话，就保持沉默。

法则 081

不要说团队的坏话

你不能说公司的坏话,也不能贬损上司。你可能会问:"那我批评我的团队总可以吧?"在公开场合不行。如果真的出了大麻烦,你可以私底下解决——除了你和团队,没别人在场,只有这时候你才可以悄悄发泄一下怒火,但也仅限于此,不能太过分。

干不好活就怪工具,这种人很可怜。团队是你完成管理任务的工具。如果团队没用,那就是你没磨好工具、没上油、没清理锈迹、没修理手柄、没更换破旧的零件、没检查破损之处。

团队会犯错,这是必然的。事情会出错,这也是必然的。你是在和人打交道,只要是人,就会时不时把事情搞砸、闹情绪、让你失望、偷懒,当然总体来说他们会表现得完全正常。如果你没预想到上述种种并准备好应对方案,就是你的问题。听着,做事情免不了要出错,臭骂团队于事无补,不如从中吸取教训,然后继续前进。

你必须"公开表扬那些使公司更接近于实现其愿景和战略目

标的人",也就是你的团队。如果辱骂他们,你就太消极了,这会使他们破罐子破摔;如果表扬他们,他们就会感觉振奋不已。

辱骂团队就是在辱骂你自己,在公开承认自己是个糟糕的管理者。不要这样做,你并不糟糕。

> 做事情免不了要出错,臭骂团队于事无补,
> 不如从中吸取教训,然后继续前进。

法则 082

上司让你做的事可能是错的，接受这一事实

你能把工作做好，但这不等于别人也能把工作做好。有些上司就是没用，这一点无法回避。有时他们会让你做一些疯狂的事情；有时他们会发出明摆着很荒唐的命令，让你忍不住倒吸一口凉气；有时他们会让你做一些大错特错的事。碰上这些情况，你该怎么做？

你有很多选择：

- 拒绝。
- 离职。
- 向工会、管理咨询机构或贸易机构寻求建议（如果你加入了其中一个的话）。
- 向人力资源部门寻求建议。
- 征求其他管理者的意见。
- 向上司的上司征求意见。

- 以书面形式表达你的忧虑。
- 按要求去做，但使劲抱怨。
- 面带微笑、吹着口哨干这件事。
- 跟上司谈你的顾虑。

一开始跟上司面谈可能是比较明智的做法。你们可以面对面坐下来，一起喝咖啡；聊一聊就行，不要太沉重。你可以跟上司指出你觉得他的订单有问题。不要针对他个人，不要攻击他，不要指责他说废话。

就说是你这边出现了问题。订单和上司都没问题，但你觉得不对劲。如果他坚持让你干，你就说你还是觉得不太对劲，希望有时间能进一步征求意见。问问上司你是否可以把自己的忧虑写下来，问问他是否也会这样做。

有时候，你必须接受一点：上司也不知道自己在做什么，他们不会改变，你只有忍受。当然，你也可以干脆地拒绝或离职，决定权在你。总之，这条法则要讲的是，这些情况会时不时地发生，你要接受。

有时候，你必须接受一点：
上司也不知道自己在做什么。

法则 083

有时上司跟你一样害怕，接受这一事实

上司也会害怕，会有迫害妄想症，会感觉迷失方向、缺爱、困惑、茫然、脆弱、孤独。你的任务是消除上司的痛苦和恐惧，让他们放松。

你是一个管理者，不仅要向下管理，也要向上管理。跟上司打交道时，千万不能：

- 威胁。
- 夺权。
- 恐吓。
- 施压。
- 不尊重对方。
- 质疑（法则 82 除外）。
- 破坏。
- 嘲笑。

相反,你必须支持、鼓励、安抚、劝慰他们,让他们振作起来,减轻他们的压力,要让他们能完完全全地依赖你;你要承受压力、守住堡垒。当然,最终你也许会取代他们——自己上位。

有些上司会惊慌失措,无法做出任何决定。这时你就不得不为他们做决定,还要安慰他们一切都很好——护士来了,他们可以去躺下了。

你的任务是消除上司的痛苦和恐惧,让他们放松。

法则 084

摆脱"紧身衣"式思考

当你埋头工作、当各种事从四面八方向你涌来时,你很容易忘记自己的初心,忘记自己原本想成为那种锐意创新、富有创造力、处于尖端的管理者。我们都会被眼皮底下的工作绊住,以至于忽略了这样一个事实:身为管理者,我们可以创造,可以启发、领导、激励人,还可以拍板。团队成员有了一个新想法,来找你谈,可你却因疲于应对繁文缛节、体制、天气和上下班通勤而拒绝了他们,根本不管他们可能提什么建议。这种拒绝的潜台词往往是"别烦我,我现在太忙 / 压力太大 / 容易烦躁,无法考虑这个问题"。是这样吧?我敢说有时候你是这样的。我们都会这样。

所以,要把紧身衣扔掉,要考虑各种可能性。"为什么不试试呢?""如果这样做会发生什么?"要摆脱压力和工作对我们的束缚。

脱掉紧身衣的一个简单方法就是思考下列问题:如果你是一个刚进来的新人,初次接触这个工作,你会如何看待你的工作、部门和团队？你会改变什么？你会放过什么？你还要从客户的角度来考虑你的工作：哪些有意义？哪些不合理？

我们很容易被细枝末节困住，导致无法做到每天都能用新的、局外人的眼光看待问题。可是，如果我们想成为有史以来最出色的管理者，就必须让自己有创新思维，否则我们就会像恐龙一样灭绝。创新思维意味着对新想法、新建议、新概念和新方向持开放态度。

你很容易忘记自己的初心，
忘记自己原本想成为那种锐意创新、
富有创造力、处于尖端的管理者。

法则
085

行动和说话方式要更上一层楼

在真正做到更上一层楼之前,你应该多练习,让自己表现得更上一层楼。如果你是初级管理者,就应该学习中层管理者的走路和说话方式,做好成为其中一员的准备。如果你是中层管理者,你的行动和说话方式就应该给人留下你是高级管理者的印象。你要更上一层楼,一直到最顶端。

我刚当上一家公司的总经理时,几乎忘记了这条法则。我依然以高级经理的身份进行管理,但销售情况并不像我预期的那样理想。当时我负责销售,却不知该跟谁谈生意才合适。这时我读到一句话:国王只和国王打交道。于是,我成了国王(把"总经理"换成"国王",你就会明白我的意思)。之前紧锁的大门立刻打开了,销售额超出了我的预期。

要想将来成为国王,你最好现在就开始练习。观察所有职位比你高的人是如何做事的。观察他们接电话的方式、与员工交谈的方式、衣着打扮、使用什么新闻资料、如何去工作、上班时做什么以及怎么做。

我最近见到了一家大公司的总经理,他对员工友好而轻松的态度给我留下了深刻印象(员工显然很崇拜他),而且他看起来特别放松。但当我们开始谈判时,他就像换了个人。他显然非常熟悉自己的工作,能将各种事实和数字信手拈来。我之所以观察他,是因为他就是我的下一个目标,如果可以这么说的话。

但要记住,不管你走得多高,永远不要把别人踩在脚下——永远不要。

如果你是中层管理者,你的行动和说话方式就应该给人留下你是高级管理者的印象。

法则
086

如有疑问，多提问

为什么人们都不愿意问问题了？是不是因为担心被别人看作无知？其实，最聪明的管理者是那些一直在问问题的人，他们总是从提问中受益。与其说提问是一种针对某个特定目的的具体策略，不如说是一种在各方面都有帮助的普遍方法。

首先，如果你多问团队一些问题，就会对团队有更多了解。"你们为什么认为我们的方法不对？""你们认为是什么使开发票的过程很拖沓？""你们会如何应对这个客户？"你可能会引出一些以其他方式得不到的解决方案。要鼓励团队表达意见、给出建议或提出想法。

当你身处困境时，提问也是一个经典的解决方案。如果你不相信我，就听一听从政者是怎么面对咄咄逼人的记者的采访吧。他们做出的就是教科书式的反应。如果老板让你解释一些棘手的事情，可以用"你为什么会这么想？"或"客户一直在对你说这个？"来回答他。这至少可以为你争取一点时间，最好的情况是，甚至可能为你提供有用的信息。

提问是一种很好的方法，可以让对方意识到他们的想法很荒谬，但又无须直说。在面对无能的老板时，提问尤其有帮助。不用跟他们说"这样绝对行不通"之类惹人生气的话（即使你想发自内心地帮他们）。你只需问："你希望这样做能得到什么结果？"或"你认为设计团队将如何应对这一点？"或"这将以何种方式提升我们的业绩？"或"你期望这对销售产生什么影响？"

只要你采用友好的询问语气，提问就很难引起冒犯。而且，如果你想让人注意到某个计划的缺陷、不去指摘对方就能让他们自责，这也不失为一个很有效的办法。

当然，对任何新提案提出问题都是有意义的，一般来说人们也会这样做。比较少见的是这样的管理者：他们会在项目的整个实施过程中不断提问，甚至问一些很难的问题，以确保不忽略任何细节。不过，从现在开始，你就要成为这种管理者。太多人在接受提案或启动项目后，就置身事外、坐视不管了。只有出现问题，他们才会去处理。但如果能不断问问题，你就更有机会防患于未然。

只要你采用友好的询问语气，
提问就很难引起冒犯。

法则
087

表明你理解下属和上司的观点

做下属很难（我们都知道，因为我们都做过下属，都有过这样的经历）。你要接受很多人的很多命令，而这些命令的下达方式有时会让你很生气。

不过，做管理者往往也不会好到哪里去。员工会猛烈抨击你，首席执行官会给你发布疯狂指示。你不再是下属，但也不完全是上司。你是三明治中的夹心。你两头挨骂。

要想减轻这种压力，最好的办法是让他们都知道你理解他们的观点。不要只是微笑着说"是的，我知道你的出发点"，但人家一看就知道你在说假话。一定要让他们知道，你确实理解他们的需求和愿望、不满和要求、恐惧和希望。

有时你会被逼无奈，不得不站在上司那一边。当然，这时你认为上司是正确的。你的下属显然会反感这一点。如果他们不欢迎任何变化（尤其是他们不理解的变化）的话，就会更气愤。这是一个好时机，你要让下属告知他们的感受，并让他们知道你确实理解他们的感受，同时解释一下为什么领导决定那样做。

如果你真的很厉害，有一天你会学会用上司能理解的语言向其解释下属对事情的看法，反之亦然。如果你能让下属明白为什么上司认为某件不符合下属最大利益的事情是有意义的，那么你就离成为管理天才不远了。

要想减轻这种压力，
最好的办法是让他们都知道你理解他们的观点。

法则 088

增加价值

很多年前,我看过罗宾·戴伊(Robin Day)主持的《质询时间》(*Question Time*)这档节目。在节目中,他向一个小组成员提出了一个问题。这个小组成员回答说:"我所能做的就是重复我之前说过的话……"这时罗宾·戴伊突然打断了他的话,说:"好吧,那就不必重复了。"然后,他转向另一位小组成员。第一位小组成员顿时愣住了。

我对罗宾·戴伊的幽默感印象极为深刻,更令我难忘的是他的看法。如果没什么要补充的,为什么要费心去发言?道理很简单,可人们却总是这样,总是重复自己之前说过的话,或是换个说法再说一遍,都是一些毫无意义的话。为什么要这样?在他们看来,这有什么用?

听着,如果你想得到尊重,就应该认真听别人说话,读别人给你的资料,研究一下背景,思考当前的问题,并最终形成一个有理有据的观点。除此之外,你还应该想出有创造性的解决方案、别出心裁的建议、富有原创性的方法和建设性想法。你想不想给别人留下好印象？全在你自己。

你可能会发现，开会时认真听别人发言，然后根据发言对讨论的有用程度偷偷打上1～10分，这会对你很有启发。这个分数会告诉你很多关于其他管理者的情况，你会发现，得分高的人都很有抱负。

那些没什么可贡献的，却还是说了一些毫无意义的话的人，不仅仅没有帮助，简直就是在浪费大家的时间。我曾经参加过一些会议，如果把那些无话可说的人所说的纯属浪费时间的废话删掉，就可以把会议缩短几个小时。

你必须制定发言标准（无论别人是否达到标准）。可以肯定的是，只要你按标准来做，虽然你的一些同事可能没注意到，但你的老板会十分清楚你是一个值得倾听的人，因为你的发言增加了价值。

如果你真的没什么有用的话可说，或者已经表达了自己的想法，可人家又让你发言怎么办？在这种情况下，你可以拒绝评论，客气地表示自己没有什么（或没有进一步的）补充。

你必须制定发言标准
（无论别人是否达到标准）。

法则 089

不要退缩，要坚持自己的立场

有些时候，你肯定自己是对的。这时候你必须做好反抗对方的准备。要么反抗，要么闭嘴，你必须准备好为自己的信仰而战。如果你对自己的工作充满热忱，那么站出来维护自己认为正确的观点并不难。

不必咄咄逼人，只需坚定不移。如果你被欺负了，大声说出来——骚扰你的人就有可能迅速退缩。

不必粗鲁，只需坚定。如果有人散布关于你、你的团队或你的表现的谣言，那就拦住他，跟他谈谈。清楚地表明你的立场："我听说你在散布这样那样的谣言。这不是真的，我希望你能停止。"

不必生气，只需相信自己，并做好充分准备。如果有人总是找茬，觉得你的建议有问题，说些"哦，这行不通，我们以前试过，可都失败了"之类的话，坚持自己立场，不要退缩。你可以明确地对他说："是的，这里有数据说明为什么之前行不通。这是我的报告,上面说明了为什么这次会成功,以及这次有什么不同。"

不必担心会被解雇,只需穷追不舍。如果上司没有给你适当的反馈,那就坚持不懈地问:"下次我怎样才能表现得更好?我想要加薪,可你刚刚拒绝了,我该怎么做才能加薪?你认为我在一年后的表现会如何?我们能做些什么来提高销售量?"不断把球踢回给他们,直到他们被迫给你合适的答案。

不必争论不休,只需调和。如果上司建议你钻法律的空子,不要直截了当地拒绝,这会引发争吵。相反,你可以说:"呃,如果媒体/审计人员掌握了这些信息,咱们该如何应对?"你并非在拒绝,而是坚守自己的立场,不去顺从他们的想法,同时也在给他们一个台阶下。他们不必发表看法,也不必把意志强加给你,但可以委婉地、体面地退让。

如果你对自己的工作充满热忱,
那么站出来维护自己认为正确的观点并不难。

法则 090

不要玩弄权术

政客是靠玩弄权术领薪酬的人。你不是,你是一个管理者。你管理局势和项目。你不需要管理人,他们会自己管理自己。有些人有时候会乱来,会玩弄权术,不必和他们一起玩。这就像在铁轨上玩耍,你必定会受伤,必定会被火车碾过。玩弄权术本质上是利用别人来达到自己的目的,如果你玩得很溜,就会变成一个不开心、自私、狭隘、小气的人。玩弄权术的手段无非是恐吓别人、偷奸耍滑,用撒谎或其他不诚实的方式来办成事情,一般来说都很令人不齿。好了,我说得很明白了,我想你也知道我对玩弄权术的看法了。

你应该"爱你的邻居,但要择邻而居"。尽量和那些不喜欢玩弄权术的人待在一起。

尽量参与那些不太热门的项目,因为这类项目吸引的注意力较少,竞争也不激烈。不太受欢迎的团队或部门也是如此。在这里你可以大放异彩,而且不必一直参与竞争。每家公司都有一些人兢兢业业做事，不去在背后陷害别人。你应该和这些人待在一起。

多跟人分享信息，尽可能地分享，这就会让那些玩弄权术的人无可施展。跟每个人都成为朋友，这样就不会有人指责你拉帮结派或冷漠了。

虽然你不打算玩弄权术，但仍要保持警惕。要认识到有人在玩弄权术，并准备好以恰当的方式来面对。要注意那些不可告人的理由、隐藏起来的真正动机、抹黑行为、谎话、流言蜚语（通常是恶意的）、暗示和含沙射影（影射你做得不合格或没跟上进度）、争权夺势、窃窃私语，诸如此类的事情。如果你运气好，基本上碰不到这些情况，而且就算碰到了，你也能很快躲开。有些行业似乎容易滋生这种不良行为，很难逃避。要拒绝玩弄权术，做一个直言不讳、不参与钩心斗角的人——诚实、光明正大、公开、坦率、厚道、直截了当。你一点都不复杂。

每家公司都有一些人兢兢业业做事，不去在背后陷害别人。你应该和这些人待在一起。

法则 091

不要诋毁其他经理

之前我们讨论了如何让竞争刺激你、鼓励你，以及如何在竞争面前无所畏惧。这里我们谈论的是来自其他行业、其他公司的竞争。

如果是跟同事和其他部门竞争，道理一样，不要被任何人、任何事吓倒。如果你业务精湛、有胆识、有创意（我相信你一定是这样的管理者），那就没必要去竞争。如果你拒绝钩心斗角，就会被视为诚实、值得信赖之人。不要去批评、猜疑、诋毁、谴责、评判或抱怨同事或其他部门的人。

如果你有上述行为，就会被视为软弱无能之辈。当然，别人会这样做，而且有时似乎还能从中得到好处。可他们晚上睡得着觉吗？他们敢不敢对天发誓喜欢自己的工作？会不会担心被别人陷害（他们陷害过别人，所以怕遭到报复）？我以前的同事中，这样的人不在少数。他们总是喋喋不休地谈论自己有多好，别人有多坏，可私下里却战战兢兢，因为他们心里十分清楚，自己干得还不如那些被他们批评的人好。

我曾与一位经理共事,他不停地抨击别的经理,说他们水平很差。有趣的是,他指出的每一个错误其实他自己也犯了。我们都笑了,因为除了他,每个人都看得很清楚。他完全没意识到他其实是在说自己。

如果你拒绝钩心斗角,
就会被视为诚实、值得信赖之人。

法则 092

大方地分享

这条法则讲的是要指导那些比你懂得少的人。他们知道的太少，你知道得太多，所以要中和一下。如果你能分享你所知道的一切，那么他们就会和你知道的一样多。

有些管理者会把这看作是一种威胁。这些人真愚蠢。你在培养接班人，他可以分担你的一部分工作。当你升职时，有人可以接替你。

有些管理者认为分享令自己尴尬，因为自己懂的还不够多。可是，你在学校学习英语时，你的老师也只知道一些语法、分句和标点符号之类的东西，这些就足够了。你又不需要让获奖的小说家或诺贝尔奖得主做老师。没必要，只要有个普通的英语老师就够了。

那么，你要和团队成员分享什么呢？很简单。任何能帮助他们更好地完成工作的内容都可以：信息、战术、计划、技能、想法、阅读材料、联系人、午餐——你只需不断地给他们提供你所能提供的全部工具，让他们对你、对自己发挥最大的价值。

与同事分享也很重要。你付出的越多，得到的回报就越多。假设你给二十位经理提供了一些信息。就算这二十个人中只有一半慷慨地回报你，那也意味着你得到了十条新信息供将来使用。他们只获得了一条，而你却获得了十条（易如反掌）。他们无一例外地会与你分享，但却不会彼此分享（别问我为什么）。也许他们觉得亏欠了你，没亏欠别人。

有些管理者会把这看作是一种威胁。
这些人真愚蠢。

法则 093

不要恐吓员工

作为一名管理者,你拥有权威和权力,这一点毋庸置疑。也许像你这样的优秀管理者与糟糕的管理者的区别就是,你知道如何使用这种权力,不会滥用。

员工会仰视你、尊重你,甚至害怕你。你对他们有失业、就业或职业发展方面的决定权,他们在跟你打交道时始终都会意识到这一点。不过你必须努力让员工信任你,这样就会帮助他们克服这种畏惧心理。你要保持情绪稳定,让员工无论何时都知道你的态度;不要出其不意、突然袭击,这会让他们害怕。绝不能恐吓员工,更不能滥用职权。

让人完成工作的方式有两种:恐吓和奖励。很多管理者选择了第一种,因为他们不自信、没把握、不确定。他们与你不同,他们无法自洽,表现出来就会是威胁、欺凌员工。对这样的管理者,我们应该报以同情,如果我们在这样的老板手下工作,不妨试着让他们接受更好的培训。也许可以把这本书放在他们附近,让他们无意中看到?

很多管理者并不知道,他们怎么对待员工,员工就会怎么对待他们、对待客户。如果员工看到的是一个和蔼可亲、善于合作、经常奖励员工、充满自信的管理者,就会受到感染,也就会以同样的方式对待彼此和客户。

这样的工作方式使生活更轻松、更有成效。在一个用奖励而非恐吓来使员工完成任务的企业中工作,感觉会特别好。

> 在一个用奖励而非恐吓来使员工完成任务的
> 企业中工作,感觉会特别好。

法则
094

远离部门战争

我曾经同时为两个老板工作,他们是公司的两位董事。他俩是死对头,各打各的算盘,恶毒攻击对方,而我们这些管理者和员工则是他们的卒子、炮灰。这很不好。他们各自分管一个领域,不管你在哪一个领域工作,都会很开心,因为你只有一个老板。可是,如果你像我一样,工作跟他们的领域都有交叉,不得不频繁地往来于他们之间,就会很痛苦。

这两位董事互相拆台,对对方耍阴谋诡计,不理睬对方,就像小孩子一样。跟他们打交道时,我学会了(而且学得很快)见风使舵。一位董事在楼上工作,另一位在楼下工作。我便一会儿被喊上楼,一会儿被喊下楼。于是,我学会了在半路上停下来,待在那儿,直到他俩都忘记了为了什么而争执。我还学会了挑起他们的争端,让自己"鹬蚌相争,渔翁得利"(不过这太顽皮了)。

这可以说是最糟糕的情况,但我也曾在一些公司工作过,那里各部门之间的竞争异常激烈,妨碍了工作效率,员工经常处于紧张状态，流失率非常高。你可能会认为董事们会阻止这种竞争，但从我的第一个例子中，你可以看出，即使是董事，有时也会极其愚蠢、幼稚。

别走我的老路。如果你想听我的建议，那就是远离这些战争。不管跟谁打交道，都要公开、诚实、直截了当，这样你就能赢得好名声，没人会指责你卑鄙狡诈。

即使是董事，
有时也会极其愚蠢、幼稚。

法则
095

让团队成员知道，你会誓死捍卫他们的利益

团队是你完成工作的工具，无论这个工作是什么。没有了团队（团队可能是一个人，也可能是成千上万个人），你什么都不是；没有了团队，你就是在孤军作战。所以，你必须支持团队、赞美团队，为团队而战，如有必要，你要对团队至死不渝。杰出的管理者（现在不需要说是谁了，对吧）会当团队的拉拉队长，激发团队的忠诚和尊重。对，这就是你。

你必须让团队成员看到，你不仅是他们的导师、领导、监护人和守卫，也是他们的冠军、英雄和捍卫者。如果有人想批评他们，你会站出来为他们辩护；如果有人想利用他们，你会不顾一切地保护他们。

反过来，你可以随时把他们扔到狼群中，看看他们能有多大的本事。很多管理者认为这是个聪明的做法，是正确的选择。你怎么看？我曾经为这样的管理者工作过，相信我，他们的员工流失得很快。

如果你的员工看到你为他们辩护，哪怕只有一次，他们就会知道你是值得信任的，你会把他们的最大利益放在心上。如果有什么不公平的事情强加在他们身上，你会站出来支持他们。这也意味着，如果你接受某件事情，他们也很可能接受它——这会让一切都很顺利。

没有了团队，你就是在孤军作战。

法则
096

争取得到尊重,而不是喜爱

你难道不讨厌那些想跟你成为朋友、自己人、哥们、伙伴的管理者吗?我们都和这样的人共事过,真是太可怕了。他们把自己和团队搞得都很难堪。身为管理者,你要冷淡一些,要争取得到尊重,而不是喜爱。你要让员工给你他们所拥有的一切,而不是在酒吧里跟你拥抱、喝酒。

你得制造神秘感,营造出一种强大、威严、友好的氛围,而不是急切地想要赢得爱。你得跟员工保持距离。

有一天,你可能不得不解雇其中的一些人,没必要让自己为难。

有一天,你将不得不提拔其中的一些人,你也不希望其他人以为你有亲信。

要让员工仰视你、尊重你,把你视作榜样。如果星期五晚上让员工看到你喝得烂醉如泥、在酒吧的地板上打滚,你让他们怎么敬重你呢?如果你想和员工打成一片,就无法制造神秘感。一

第二章 管理自己 197

定要保持距离，他们并不会认为你冷漠，反而会尊重你给他们的空间。

身体上也要保持距离，不要拍背、拥抱、亲吻、揉头发（曾经有个经理这样对我；我讨厌这样，也讨厌他，我的年轻不应该成为让他做这样动作的借口），也不要掰手腕（你可能会输，那时你就会威风扫地，相信我）、玩办公室足球或嬉戏打闹。无论何时你都要保持尊严，维护你的风格、可信度、理智和权威。

你得制造神秘感，
营造出一种强大、威严、友好的氛围。

法则 097

把一两件事做好，心无旁骛

真正优秀的管理者都是某方面的专家。你不可能什么都做，不可能做所有人的工作。无论如何，你每天能做的事情就那么几件。所以，你最好选择一个专业领域，在这个领域做到精通，然后把其他事情交给其他人。在我的公司，我们对每个人的职责都有非常明确的划分。身为管理者，我能少做就尽量少做。我认为，越是优秀的管理者，做的事情就越少，这完全取决于管理者委派工作的能力。

所以，我坚持只做自己最擅长的事情，那就是与其他管理者沟通。我不做销售，但我为销售人员提供便利。我不负责大客户，但我会安排好联系人，以便让我们的负责人跟进。我还会监督会计人员的工作。我的"一两件事"是为团队筹办会议以开展业务，同时监督公司的整体风格（品牌创建、企业形象和在市场的地位）。我管理公司，但我不做产品。

我知道我的局限性。我知道自己擅长什么，不擅长什么。我不善于处理细节，也不善于从事常规性、秩序性的工作和日常工作。我擅长做那些突如其来的、非正统的、有趣的、一次性的、以人为本的项目。我从不觉得我擅长的那些事情更高级，也不觉得我不擅长的那些事情低劣。事实上，恰恰相反，我非常羡慕那些有条不紊的人，那些能够关注细节的人，那些喜欢把一个项目从头至尾研究透彻的人，那些拥有整洁办公桌的人。

你擅长什么，不擅长什么？你会如何描述你能做好的一两件事？

你最好选择一个专业领域，在这个领域做到精通，然后把其他事情交给其他人。

法则 098

寻求对你的表现的反馈

我们通常不会到处去寻求他人的认同，因为我们凭直觉就知道自己是否把工作完成得很好，这是一种本能。不过，有反馈总归是件好事。你应该从同行、对手、团队、老板和客户那里寻求反馈。你要的不是表扬、赞许或喜爱，只是反馈。记住，无论是看门人还是首席执行官，你们都属于同一个团队，都在朝着同一个目标努力，都在挥舞着同一面旗帜。

你应该寻求反馈，以便能：

- 找出自己的优势和劣势。
- 将反馈意见与你自己对某个情况的评估进行比较，从而确保自己的评估正确、客观。
- 吸取经验或教训，以便下次做得更好。
- 发现自己所负责的领域的问题，并采取行动。
- 考察团队表现（作为对自己的评估的补充）。

这些都与表扬、赞许（或喜爱）无关，而只是对某个情况或项目进行的客观评估。你能从中学习到一些东西，提升自己的管理能力。

那么，该如何寻求反馈？很简单，你可以问问团队中的人："咱们做得怎么样？"他们肯定会告诉你。

接下来问老板："老板，我做得怎么样？"同样很简单。

客户呢？也很简单。"我们在改进服务／产品／交货时间／规格／提议方面还什么可以做的？"他们也肯定会告诉你。

同事呢？开口问就是了。"嗨，你能不能就搬迁的进展给我一些反馈？"或者"能否告诉我你觉得我们（你和团队）在展览中的表现如何？"或者"能不能就成本削减工作／新的会计程序／暑假期间的人员配备情况／去新开的主题公园游玩提供一些反馈？"记住，千万不要这样开头："你能告诉我哪里做错了吗？"或"我知道搬迁工作进行得很糟糕，可我不知道我们哪里做错了。"更糟糕的开头是："你能不能帮帮我？我做错了，可没人愿意告诉我错在哪里。"另外，先不要告诉别人你对某个情况的判断，让对方说出你什么做对了、什么做错了。你听完只需点点头，说声"谢谢"就行了。

让对方说出你什么做对了、什么做错了。
你听完只需点点头，说声"谢谢"就行了。

法则 099

保持良好的人际关系和友谊

我有一个朋友,他有一句口头禅:"我不明白这怎么可能是良好的礼仪。"如果有人在会议上抢着发言或窃取他的想法,他就会这样说。我喜欢这句话,因为它道尽了不良工作关系的本质。良好的礼仪——多么简单的概念,但又是多么宏大的主题。

如果你能有良好的礼仪,就不难在工作中保持良好的人际关系和友谊。良好的礼仪并不指你要为别人开门或帮别人提行李箱。良好的礼仪指的是有礼貌、热情、人性化、有同情心、乐于助人、友好——所有你愿意为客户做的事情或者应该为客户做的事情(我相信你会做的)。

如果遇上你不喜欢的人、过去有过冲突的人或对你粗鲁无礼的人,就很难保持良好的礼仪。但正是在这种时候,这个技能恰恰最为重要。

即使是最粗鲁无礼的人,如果你对他们和颜悦色、面带微笑、开诚布公,他们也会收起粗鲁(如果你能放下身段,对他们在某一主题上的专业知识进行一点恭维。当然，如果他们确实值得你这样做的话，那效果就更好了）。

可以试着把同事看作和你一样热情的人。如果你总是以乐观、热情洋溢的态度对待别人，就会发现对方别无选择，只能投桃报李。能帮人一把，就帮人一把。不管跟谁说话，都把他们当成和自己平等的人（他们确实跟你平等）。寻找别人身上的优点，找到他们身上让人喜欢或尊重的地方，然后只看这些。无论员工职位高低，都对他们一视同仁。尊重而得体地对待每个人。

> 如果你总是以乐观、热情洋溢的态度对待别人，
> 就会发现对方别无选择，只能投桃报李。

法则 100

在你和客户之间建立尊重（双向尊重）

有一天听收音机时，我听到一个双层玻璃销售员在讲话，他谈论客户的方式让我感觉他和客户是不同的物种。他听起来居高临下、高人一等，谈起客户时恶言恶语，语气中带着轻视和嘲讽。他似乎认为骗人是公平的（他说我们应该仔细查看附属细则，要是不这样做，就有点蠢）。

就冲这种态度，我对这类人毫无敬意（更何况他们总是在我和孩子坐下来吃晚饭时给我打电话）。我有各种各样的技巧来惩罚他们，比如：装聋作哑，任由他们大喊大叫，让他们跟我父亲谈，有时我干脆摘下听筒，直到他们自己受不了挂断电话。

不要欺骗客户，也不要对他们撒谎。你需要他们。你们的关系是双向的，很重要。我永远不会嫌客户烦。他们为我提供衣食住行、智能汽车和惬意的假期。我为什么要对他们恶语相向？作为回报，我为他们提供了娱乐、乐趣、高质量的产品、一个他们可以引以为豪的品牌、一种他们可以接受的生活方式，还让他们跟一个令人兴奋的、充满活力的公司产生联结。我为他们给予我的一切而尊重他们，他们也为我给予他们的一切而尊重我。

不要欺骗客户，也不要对他们撒谎。
你需要他们。

法则 101

为客户尽心尽力

这是所有法则中最简单的一条。早上一醒来,你就要想着如何为客户尽心尽力;晚上入睡前,你也要想着这一天是否做到为客户尽心尽力。你所做的一切都应该是为了提升对客户服务的质量。

问题是,有时候客户太让人讨厌。他们要这要那、提各种要求、难缠、爱抱怨、总是在不该打电话的时间打电话、希望得到超出预期的服务、认为整个公司都是为他们开的;当我们把客服中心搬到印度时,他们怨声连连;他们想要钱,想拿免费礼物,想买二送一、买一送一、不满意可以退款、更换产品,想要质保、安全检查、无害产品。天哪,他们以为自己是谁?说到你心坎里去了吧?这些似曾相识吧?我曾在一些行业工作过,在这些行业中,客户确实爱找麻烦。

不过,让我们明确一件事:没有客户,上班没有意义。没有客户,生产任何东西都没有意义。没有客户,做任何事情都没有意义。没有客户，我们做的一切都是在虚张声势。

好了，我已经说得很清楚了。既然我们意识到了客户的重要性，就得想办法得到客户、留住客户、满足客户、欢迎客户、为客户尽心尽力。不需要在客户面前奴颜婢膝，但必须想出新招来争取他们。为现有客户提供服务比招募新客户要实惠得多。对现有客户好一点，就能留住他们。请你做这个小练习：想出三种为你的现有客户尽心尽力做事的方式。

没有客户，我们做的一切都是在虚张声势。

法则 102

意识到自己的责任

作为管理者,你对团队负有责任。你必须监护他们,确保他们不会受到伤害。你必须确保他们安全、健康、受照顾、吃饱喝足、舒适、远离危险物质和设备,必要时要让团队穿上合身的安全服。

同样,你对环境也负有责任。你不能做任何危害环境、对环境造成持久损害、危及他人的健康或生命、破坏土地的事情。你并不需要做一名环保战士,但你有责任不去破坏环境。你能发誓说你的管理工作很"干净"吗?

你必须奉行不伤害、不损害的原则;必须有个底线(由你划定),不能跨越这个底线;必须有回馈社会的公德心;必须清楚周围发生的事情;必须认识到你的行业对环境有什么贡献或有什么损害。

这不是什么嬉皮士或相信因果报应的宗教人士宣传的那些东

西。这是真实的。你投入的越多,得到的就越多。做个好人,晚上睡个好觉。这是一个很不错的生活哲学和管理哲学。

你能发誓说你的管理工作很"干净"吗?

法则
103

任何时候都要直言不讳、说真话

这条法则紧跟上一条法则。当然，如果你认为你的老板是个白痴，千万不要告诉他，否则就是诚实得有点过头了。但是，不要撒谎、欺骗、偷窃、滥用职权，也不要诈骗、戏弄人、使绊子、火上浇油。

作为管理者，你被安排在了一个特殊的位置，一个关乎信任和荣誉的位置。你对人的生命负责——是真的，别人的生命。如果你搞砸了，就会有人受到伤害。员工为你工作了一整天，回到家后，他们会继续生活、呼吸、去感受、爱、烦恼、追求梦想和满怀希望。如果你让他们不开心，或是冒犯他们、虐待他们，或是对他们撒谎，他们就会把这些坏情绪带回家，会影响到他们的家人、朋友和亲戚。无论何时，你都必须要对员工说实话。如果你不能说什么好听的话，那就什么都别说，但不要撒谎。

不要对老板撒谎。老板之所以聘用你，可不是为了听你说谎话。他们聘用你是为了让你直言不讳、说真话。如果你完不成任务，不要掩饰问题，要如实相告。这样他们就可以采取措施来帮助你，或者采取什么补救行动——你这一环出问题可能会引发连锁反应。他们可能会感到失望，不过会感谢你发出预警。你最好让他们知道真相，而不是给他们希望，然后又让他们失望。

不要对客户撒谎。当然，讲真话要讲究艺术性。如果客户询问你们的产品是否优于竞争对手，没必要撒谎，因为你们的产品的确很棒，否则你就会为竞争对手干了，对吧？

不过，如果他们问某些产品的销售是否成功（事实上并不成功），你就可以讲究一点技巧，创造性地说出事实。你可以说："到目前为止，我们对销售情况感到有些意外，但仍然有提升的空间。"而不是说："销售惨败，不过我们希望你能为我们分担一些。"

> 作为管理者，你被安排在了一个特殊的位置，一个关乎信任和荣誉的位置。

法则 104

不要偷工减料（会被发现的）

如果你是飞机制造商，你会偷工减料吗？在机翼上使用不合格的金属？用废品场的东西取代发动机？我觉得你不会。如果你这样做，很快就会被发现。现在有个日益明显的趋势，如果产品出了问题（无论是设计或制造上有问题，还是为了削减成本导致产品有瑕疵），管理者都对产品使用者所受的伤害负有责任，会被告上法庭。这就对了。如果我们在工作中都能对自己所做的事负责，世界会更美好。

也许你不制造飞机，也许你不制造任何东西，也许你只做计算机编程。很好，很安全，不会伤害任何人。是吗？你确定真的不会吗？还是好好想想吧。要设想最坏的情况，并准备好应对方案。身为管理者，无论我们做什么，都要对可能受到损害、伤害、困扰的人或事负责，要对可能发生的人员伤亡负责。

偷工减料不值得，早晚你会被发现。天不遂人愿，别抱侥幸心理。我知道你有时会陷入两难境地：老板让你做某件事，而这违背了你的原则，你觉得这样做很疯狂，可你又需要这份工作来偿还抵押贷款，所以闭上嘴并假装这样做没问题似乎更容易。可事实并非如此。你会被发现的。

你必须想方设法向老板证明，偷工减料其实是在浪费时间。可以问那个经典的问题："可如果媒体 / 审计师掌握了这些东西，他们会怎么做？"这往往有奇效。你还可以询问公司购买了什么保险，或者法律部门如何看待这种削减成本的做法，这也能起到很好的效果。如果对方告诉你"我还没有跟他们讲"，你可以用手拍拍头，尖叫道："哦，不，我在和一个疯子共事。"幽默的说法可以让对方意识到他们已经越界了，该反思一下。

> 如果我们在工作中都能对自己所做的事负责，
> 世界会更美好。

法则 105

找到知音

管理并不容易。我的意思是，有时一切都顺顺当当，但迟早你会遇到棘手的问题，比如对付某个难缠的人、找到应对某个挑战的最佳方法、决定如何最有效地分配预算。

这时你需要另一双耳朵，一个知音。这个人应该了解这些问题，所以最好是公司里的某个同事。但是，你不能和处在初级岗位上的同事谈论这些事情，如果涉及其他管理者，尤其要谨慎。有时候你也不想和老板讨论（如果谈论的是主题是你的老板，那就更不行了）。

知音难求。不过，重要的是，你要有意识地寻找一个可以倾诉的人。否则你会发现，有些挑战会带来不必要的困难，而且懊丧之下，你可能会找错人，这个风险也不小。

最好是选择一个和你级别相当，但分属不同部门的管理者。你要找一个谨慎的、可以信任的人。你尊重他的判断力，而且，他还要能为你抽出时间（如果你永远找不着他，那就没意义了）。

当然，如果能互惠互利，就更理想了。如果你们都能支持对方，互相信任，你们的关系就会更加平衡。对方也向你倾诉秘密，所以就不会向你的老板告密。

当然，知音不一定只有一个，但是，也不能太多。如果你和几十个人讨论工作中的机密，那可不行。就算这些人都能为你保密（不太可能），但他们每个人都知道了你内心深处最大的担忧，也知道了你的弱点，你肯定不想看到这个结果。不过，你可能会发现，有几个同事可以当你的知音，而且对你的帮助会很大（也许一个人在员工问题上会给你启发，另一个人在战略上有非常清晰的头脑）。有时候公司以外的人也可以给你一个更好的视角，因为他们不会像你那样被太多的细节困住、停滞不前。这个人也许是你的伙伴、密友、母亲或前同事。总之，他们能让你从全新的角度看待问题。

你要找一个谨慎的、可以信任的人。
你尊重他的判断力，而且，他还要能为你抽出时间。

法则 106

掌控、指挥

你是管理者,所以你要管理。管理的意思很简单,就是去管、去理。管理是为了有效地工作,管理是为了负责,管理是为了指挥。

现在有一种新趋势,那就是管理者都害怕去指挥。他们似乎不愿意掌权,以免团队对此不满,或者指责他们是独裁者。这简直太荒谬了。那些有着优秀、强大、有指挥能力的管理者的团队会走得更远,因为他们知道船长在掌舵。没有了船长,船员们会在海上茫然无措,会迷失、恐惧,会随时摔落在礁石上。在某种程度上,有什么样的船长并不重要,重要的是有人手握方向舵。我们都知道,真正开船的是大副,所以谁当船长都行。但如果大副不知道有人在掌舵,就无法开船。

你必须成为团队的英雄,成为老板的好副手。你必须拥有下面这些传统的优良品质:

- 可依赖。
- 坚强。
- 值得信赖。
- 忠实。
- 忠诚。
- 坚定。
- 一心一意。
- 负责任。

是的，这些要求都很高，不容易做到。可这些的回报也是巨大的。如果你处理得法、遵守规则、态度诚实，做管理者就是一份美妙的工作。

那些有着优秀、强大、有指挥能力的管理者的团队会走得更远，因为他们知道船长在掌舵。

法则 107

做公司的形象大使

你应该成为公司的形象大使,但我不希望你为了成为公司的形象大使而"拍马屁"。你的公司有时会让你抓狂,有时又会让你兴奋不已。如果你能远离公司中的种种钩心斗角、诽谤中伤,你的工作就会更舒心。每个公司都有好的一面,也有不好的一面。你要接受这一点,并多看公司好的一面,毕竟,他们很聪明,聘用了你——该行业中优秀的管理者之一,你应该为此感到无比自豪。

无论你走到哪里,无论做什么,你都要给予你的公司高度评价。你的评价会被反馈给总部,这会令你更加自豪,毕竟,没什么比自豪更能激发自豪感的了(善意也能循环)。

如果你收到投诉,先接受投诉,然后告诉对方你会调查并回复他们,接下来就去调查。

一定要成为公司的形象大使,这会让你考察公司,并进一步考察在公司工作的愉悦度。如果你觉得公司很不错,感觉在这里工作很自豪，那对你来说是好事。可是，如果你对公司有疑问，可能就要认真思考，并决定是否要继续在公司干下去。不要立刻甩手不干（可能继续待在公司里更好，先看看能否做出什么改变）。

就像你会为客户尽心尽力一样，你要想方设法地为公司尽心尽力。这并不是要你当应声虫、跟班、受气包。你可以坚强、骄傲、独立、有叛逆精神，但你依然是公司的形象大使。

一定要成为公司的形象大使，这会让你考察公司，并进一步考察在公司工作的愉悦度。

第三章

附加法则：创业者法则

如果你正在考虑或计划自己创业，或者在当前阶段只是有这种梦想，我希望你已经理解、消化了本书前两章的法则。不过，学习尚未结束，还有一些特别适用于创业者的附加法则。

当你经营自己的企业时，你的思维方式必须要与你为别人工作时的思维方式有很大不同。显而易见，你必须要去了解不同的事情（以前你可能从来不需要考虑财务、生产或销售）。但还不止这些。你必须得从一个全然不同的角度看待企业。

创办自己的企业是很激动人心的，或者说应该如此（反正这是我的体会），你很容易陷入自己正在开发的新产品、新服务或新市场的热情中去。这也很对。不过你同时需要保持非常清晰的管理头脑，并（快速）学会放下管理者的思维方式，开始像创业者一样思考。

当初次创建一个新公司时，你有大量的东西需要学习。创业的很大乐趣就在于此。而且你会获得很多实用的建议。不过，根据我多年来认识、观察并与许多创业者合作的经验，我清楚地知道，有一套法则将幸福、成功的创业者与那些将这一切视为巨大苦难的创业者区分开来。你即将读到这套法则。它们为成功的创业者所遵循，通常不为人知，因此极其可贵。

法则 001

不要借钱

你会反驳这条法则,而且你会说得头头是道。与其说这是一条法则,还不如说是一种志向。我知道你有时会有一个很好的做生意的点子,但需要很多资金,你自己拿不出来。可是,我想劝说你不要去借钱,除非别无选择。

我有个朋友,他和一个伙伴一起创业。他们有个很棒的点子,并成功地找到了一些风险投资者帮助他们启动了公司。公司做得很出色,六年后他们以 600 万英镑的价格卖掉了它。当然,风险投资者拥有公司的大部分股份,我的朋友只拿到了几十万英镑。非常好,但远不及他的投资者赚得多。

另一位朋友和其他三个人一起开了一家公司,每人拿出四分之一的钱。他们一开始规模很小,盈利后,又把利润再次投了进去。和前一个朋友一样,他们做得很成功,公司名声不小。二十年后,他们以 4000 万英镑的价格出售了公司。他们拿到了多少?

对，4000万英镑。当然，他们必须缴税，在出售公司时还产生了一些法律和会计方面的费用，但他们最终还是把自己辛辛苦苦赚来的钱收入囊中。

你可以贷款，而不是出售股权，虽然偿还贷款会吞噬你本该投入再生产的利润，但贷款也比找风险投资好。

我也承认，有些做生意的点子确实需要大量资金，除了借没有其他选择，除非不去做这个生意。虽然最后赚的钱比较少，你也会享受这个过程和掌控的自由，而且在出售公司时，你仍然有赚头，即便拿到手的只是出售价格的一小部分。所以，我并不是说如果你自己拿不出资金，就不应该创业。不过你要认识到：借钱投资并不像那些无脑书籍和创业顾问所暗示的那样简单。

在寻找外部资金之前，你要考虑各种选择。如果决定向家人借钱，你要仔细考虑如果事情出错可能带来的影响。出于同样的原因，如果没有伴侣的全力支持，也千万不要把房子、毕生积蓄、遗产或任何类似的东西投入到创业中。

我刚才举的这两个例子的有趣之处在于，这两家公司的业务范围大致相同。第一个公司想通过向市场推出各种各样的产品而引起轰动。事实上，第二家公司也想做同样的事情，但由于他们决定自己出资，所以刚开始只有一个单独的产品。不过它卖得很好。于是，他们就用这些利润为其产品系列增加了另外两种产品，以此类推。看看这种方法带来的不同。他们在卖掉企业后可以退休，而第一对创业者却不得不继续工作。

因此，在开始寻找出资人来投资你的企业之前，千万要确定你已没有其他选择。在多年辛勤工作之后卖掉企业，把辛苦赚来的钱交给别人，这太令人难堪了。

他们最终还是把自己辛辛苦苦赚来的钱收入囊中。

法则 002

找到平衡

创办自己的企业需要你全身心投入。它占用了你的大部分时间，你要么在创业，要么在思考如何创业。当然，这也会带给你巨大的乐趣（尽管你时不时会忧虑），所以你可能不会吝惜花在上面的时间。

哦，是的，有忧虑。在一定程度上，这是在所难免的。不过，除了能否谈成一笔交易或新的产品线将如何发展的问题，还有一个潜在的导致焦虑的原因。身为创业者，你会有一种不安全感，这是你给人打工时所未曾体验过的。没人给你发工资，没有养老基金，除非你自己去开一个养老金账户，而且没人能百分之百保证你明天不会丢工作。如果公司倒闭了，你不仅会失去工作，可能还会背负大笔债务。

我并不是想打击你。有些人就喜欢过这样的日子，他们会感到自由、无拘无束，很享受能控制自己命运的感觉，而有些人则无法摆脱不安全感,他们会一直忧虑,有时甚至到了即使事情进展得顺利也开心不起来的地步。这两种情况我都见过很多。在启动自己的公司之前,你需要确定:如果没有安稳的工作,你也能快乐地生活。否则,你的整个生活就会受到影响,你可能会在工作之中和工作之外都会疲于奔命。

好,现在你觉得可以自由地做自己的事情,并乐于承担企业经营的各种起起落落。当然,在生意上投入的时间越多,你就越有信心一切都会很顺利。你总是有成堆的事情要做,因为作为一个创业者,你的任务是要积极主动、启动各种项目、开发新产品或服务、做成新交易。是的,总是有很多事情要做。

如果你是年轻的单身人士,这很好。如果你愿意,可以把全部身心都投入到经营中。但是,如果你有家庭、孩子、年迈的父母,你也需要花一些时间在他们身上。如果夫妻中有一方在经营自己的企业,这个婚姻就很容易破裂,这很可怕。朋友们无数次告诉我,多希望自己在创业的时候能有更多的时间陪伴孩子或父母。

我和伴侣共同经营过一个公司。这并不适合每个人,但它确实有助于防止你的事业破坏婚姻。然而,这并不能让你有更多时间来陪伴孩子。你需要坚守一个界限。⊖当孩子们还小时,我们的原则是无论如何都不能在晚上六点以后或周末工作。我们俩(大多数时候)坚持住了这一原则。你可以有自己的原则,但如果你

⊖ 是的,说的是你,不是孩子。

开始通融，就会走下坡路。如果你想让你的夫妻关系持续下去、让你与孩子的关系融洽，就必须在这方面遵守纪律。不过，如果你能使这个原则发挥作用，就将拥有你所期望的最有趣、最有回报的生活。

> 身为创业者，你会有一种不安全感，这是你给人打工时所未曾体验过的。

法则 003

为最坏情况做好打算

如果这条法则让你很受打击,请原谅,但不知何故,事情从不会按计划进行。当然,除非是你已经为最坏的情况做了打算。如果你知道如何应对艰难的情况,当它们发生时,你会应对得更好。艰难的情况总会发生。

我见过很多企业倒闭,因为企业主未能为下列情况准备备用方案:实现盈利的时间比他们想象的要长(顺便说一下,总是这样)、大客户破产或经济陷入衰退。我认识一个人,他花了几年时间建立了一个特别强大的企业,他的大部分客户都在银行业和建筑业——这两个行业同时破产,把他也拖下水。看到这一幕,我的心都碎了。

很多企业在经济衰退期间倒闭(失去企业通常比失去工作还要糟糕),不过那些幸存下来的企业最终拨云见日、东山再起。那些创业者之所以再次成功,就是因为他们为最坏的情况做好了准备。要确保将企业保住,即使你还没碰上任何麻烦。晴朗的天空可能迅速酝酿一场风暴。

首先，无论你的商业计划和现金流预测告诉你什么，都要假设至少需要三年时间才能盈利。不，我不知道为什么需要三年，可不知怎的，事实就是这样，即使你看不清楚是怎么回事。当然，你会在媒体上读到这样的故事：有些人的想法把握了时代精神，订单涌入的速度超过了他们的承受能力，但这种情况极为罕见（这就是为什么它会成为新闻）。媒体经常把这种故事说成是白手起家，但实际上它背后总是有许多聪明的想法、辛勤的工作、精明的营销和良好的运气在起作用。千万不要认为这会发生在你身上。运气那部分肯定不会。

那么，如何为未知的情况做打算呢？你需要分析企业的强项和弱项，尤其是弱项。

你是否特别依赖一两个大客户？如果原材料价格飙升，会发生什么？假设下一季的产品不像之前的产品那么受欢迎怎么办？如果有人也开始创业，并且与你竞争怎么办？如果关键人员（比如说你）病倒，不得不请假几周或几个月怎么办？如果经济发生自由落体怎么办？如果新技术被开发出来取代了你的技术怎么办？如果发生了电脑灾难怎么办？如果企业的电话连接或电力供应被切断好几天（我曾经经历过）怎么办？

所有这些事情并非都会同时发生，但至少有一两件迟早会发生，你不知道会是哪一两件，所以得坐下来安排好策略以应对企业面临的每一个潜在威胁。一旦做到了这一点，你就能睡得更好。

———————

要假设至少需要三年时间才能盈利。

法则
004

明确公司的使命

使命宣言是怎么回事呢？只是一些自我陶醉的营销废话，还是实际上能起到一些作用？在我初次创业之前，我一直在看其他公司的使命宣言，我对它们深表怀疑。其中的一些的确未经深思熟虑，是出于公关的目的粗制滥造出来的，这种炮制方式难免惹人怀疑。

不过，不要让一些拙劣的或使用不当的例子使你放弃起草公司使命宣言的想法。我保证，它其实对你的公司至关重要。使命宣言越简洁明了越好。那么，使命宣言是用来做什么的？嗯，它是一个对你的企业最核心的、最重要的目的的声明，是公司存在的原因，是公司在世界上的定位。许多知名企业的使命宣言极其简单，它们的目标只是传播思想、为人们省钱或加速世界向绿色能源的过渡。

起草使命宣言最重要的一环就是你在思考时的心理过程。你必须专注地思考你的公司到底要干什么。这个过程比你想象的更难，也极为重要。

一旦你把宣言磨好，使其能完美地概括你的企业的使命，就可以在企业规划中使用它。是否应该开发这个或那个产品系列？把它与你的使命宣言对照一下，看看它是否与你的核心业务有关。把利润再投资，方向是否正确？它是否符合使命宣言中定下的标准？使命宣言是你的试金石。当你做计划时，你可以对照使命宣言，看看是否专注于目标，走在正轨上。

商业计划和使命宣言差不多，不过，它更灵活。当然，它的细节也比使命宣言多出很多，必要时还可以进行修改以反映企业的变化，或仅仅是为了保持企业一直向前发展。如果不借钱的话，你当然可以在根本没有商业计划的情况下创办企业，不过我不建议你这样做。同样，制订商业计划会使你考虑那些你应该考虑的事情；如果不制定，你可能就不去考虑了。

许多新成立的公司都会制订一份商业计划，但一旦他们弄到了资金，就再也不看它一眼。这太愚蠢了，他们错过了大量有用的规划信息。不过，由于商业计划会随着时间的推移而变化，如果你不更新它，就无法长期拥有这一宝贵资源。而且，随着时间的推移，你也不太可能一直保持全局观。我给你一个统计数字，希望它能清楚地说明我的观点：那些失败的企业逾90%都没有商业计划。说得够多了。

你必须专注地思考你的公司到底要干什么。

法则 005

要绝对诚实

听着,没有人可以在方方面面都很出色。你认识的人中有多少人既善于看到大局,又能关注细节呢?你认识的哪些创意大师很善于处理日常的行政事务?他们根本无法兼容各种事务。要成为一个全能的天才是根本不可能的。如果你认为自己是这样一个天才,那么你的生意就注定要失败。

有些创业者认为那些他们个人不擅长的事情并不那么重要。比如,他们不擅长数学。不过,如果他们不具备在搞好客户关系、质量控制、谈判、选择员工、软件或预算方面的技能,他们就低估了这些方面在生意场上的重要性。

也许你的弱点就在这些方面,也许在一些交叉技能上,比如与人打交道、做决定、透彻地看事情、很好地培训员工或授权。如果你不解决这些问题,就可以在清单上再添加个弱点:不了解自己的局限性。相信我,它足以摧毁一个小企业。

你得明白,有缺点是正常的,特别是在经营企业方面。这并非对你作为一个人的价值的反映,而只是对你所掌握的一系列技能的反映。如果你在大公司工作,这可能并不重要,因为你可以发挥你的优势,其他人可以弥补你的弱势,就像你可以弥补他们的弱势一样。

经营自己的企业则不同。你的工作会涵盖每一个角色。当然,你不需要拥有超能力,一个人包揽全部工作。你可以找到绕过自己的弱点的方法。不过,如果你不能正视自己的弱点,就无法做到这一点。

我说过,你必须绝对诚实,所以我建议你开始考虑一下这个问题。外聘薪资专员、兼职财务经理或品牌顾问并不可耻。任命一名客户服务经理或一名助理并不丢人。阅读关于谈判技巧的文章或报名参加关于如何做出有效决定的课程也不丢人。但是,如果你因为太顽固而不承认自己的缺点,从而导致企业失败,那你应该为自己感到羞耻。

要成为一个全能的天才是根本不可能的。

法则 006

尽量获取所有帮助

既然你已经绝对诚实了,就会知道自己不能做什么了。此外,由于你每天只有有限的时间,所以即使是擅长的事情,你也可能无法独自完成。随着时间的推移,你会发现你需要一些额外的技能,而你要么没有,要么没时间施展——你需要规划展台、为客户写材料、应对日益复杂的财务、开启出口业务。

所以这里就有一个问题。这份工作需要十几个人来做,可实际上只有你一个人(或许是两三个人)。而且你没有钱来聘用其他人。那么你打算怎么做呢?其实这是件好事。真的,我保证。我们已经确定没有谁可以包揽所有事情,我不必了解你或你的业务,就可以告诉你:与周围其他人一起取得的成就将远远超过你单枪匹马所能取得的成就。你只需要精明点,既不用付钱(你付不出),又能得到帮助。

有一些显而易见的可行的解决方案,比如聘任兼职人员,而不是设立一个你负担不起的全职职位。当然,有一个选择是让某人作为合伙人加入。给他们公司的股份，他们就会像你一样努力工作，按其权益份额分享公司可分配的红利。如果你能找到身怀你所需技能的合适人选，这将是一个好主意（比如，你开发出了一个很棒的产品，可你不懂整个市场和销售的事情）。对于公司的生存，这至关重要。公司有百分之五十的可能成功总比百分之百会失败要好。不过，如果不是必要，要对找合伙人并送其股权保持谨慎。要仔细挑选合伙人，因为你会跟他们一直捆绑在一起。

你还可以与其他公司分摊费用。比如，如果你发现另一家企业的产品与你们的产品互补而非竞争，你们就可以合伙参加贸易展，在一个展台上同时推广两个产品。这样既可以节省时间，也可以分担参加展会的费用。事实上，有很多东西都可以与合适的同行分享（从邮件截图到信息、从大宗材料成本到销售线索）。

还有一个非常重要的获得帮助的渠道，我想提请你注意，因为许多成功的新企业都曾依靠它。有时你认为你需要某个人来做一项工作，而实际上你需要的只是他的专业知识。有了这些知识，你就可以自己做这项工作了。因此，你要把那些在营销、财务、生产、公关以及在某个产品或某项服务等方面有经验的人组成一个顾问小组。有些人可以一才多用（这也很好，不过并不是必需的）。

这个小组可以是正式的，也可以是非正式的；可以定期开会，也可以电话联系。要挑选合适的人（朋友、前同事、商业联系人，只要符合要求，谁都行，不过要将小组的规模控制在可管理的范围），而且你应该无须向他们支付费用，至少在开始时不需要。让他们感觉到自己的价值和重要性,不要花每个人太多的时间,偶尔请他们吃顿大餐表示感谢,大多数人都会觉得很享受,不会问你要报酬的。然后,每当你需要他们的经验或直觉时,就向他们取经。

有时你认为你需要某个人来做一项工作,而实际上你需要的只是他的专业知识。

法则 007

创建强大的企业文化

你现在不是在为某家大公司或某家小公司工作,你不是在为任何人工作。你是老板,是指挥官,你来发号施令。

当你的业务壮大后,迟早有一天,真的会有人为你打工。你会雇其他人为你工作。也许一开始是一个兼职人员,后来就会有几个全职人员,最后你手下可能会有几层管理人员。即使你并非一个极端利己主义者,这一切也都非常令人满意。

这会是一个渐进的过程。你未必能注意到它的发生——你会在某一天醒来时意识到:当你还在一直考虑别的事情时,你已经成为一个管理者了。你甚至可能对它没什么特别的兴趣,但如果你想让企业成长,就得接受它。

那么,你会成为什么样的老板?如果有人上班迟到两分钟,你会不会对其严加管教,甚至将其解雇?你是否会和蔼可亲,对员工关怀备至?你会不会让他们暂时放下工作,有充足的时间来应对个人危机?你会时不时紧张地走来走去吗?你会选择一个没有等级制度的扁平化管理模式吗？

你现在就需要考虑这个问题（无论你目前处于什么阶段）。你可能会从一两个员工开始，可能倾向于把他们当成伙伴，只要你知道自己可以信任他们、他们不会占你的便宜就行。这会成为一种习惯，然后，当你在那天早上醒来并意识到有二十个（或五十个，或一百个）人在为你工作时，你可能恨不得自己未曾让这种文化发展起来。你也可能对它感到满意。我不知道，但你得知道。从一开始你就要思量这一点，并建立起你想要的管理风格。

做大老板和在别人的公司里当经理是不一样的。你要对你做出的决定（法律上、道德上和实践上）负责。你创造了企业文化。听着，你曾经在一些公司工作过。在有的公司，每个人都帮助别人；在有的公司，管理层难以接近；在有的公司，人们都非常周到体贴；在有的公司，竞争激烈、诽谤猖獗；在有的公司，员工感觉自己受到了真正的关怀；在有的公司，每个人都害怕"老板"；在有的公司，人们都想从制度中捞一把。

这一次，这都取决于你。公司文化是由上而下的。你在最初那一两个兼职人员身上设定的模式将伴随企业一起成长。不要任其自然发展，要确保你创造的是你想要的那种公司。你可是一个法则玩家。我知道你想要这样一种企业文化：充满关爱但又专业；每个人都尽其所能；只要能从中吸取教训，错误是可以接受的；老板充满激情、平易近人、受人尊敬。是的，这就是你。

那么，你会成为什么样的老板？

法则 008

不要凡事都同意

我的一个朋友经营着一家小型出版企业。英国一家最大的连锁超市要卖她的一本书,这让她很兴奋。他们想从她那里订购数以万计的书。这是那种连大出版商都会流口水的交易。当她从最初的欣喜若狂中冷静下来后,她做了一些数据分析。

最后,她拒绝了这笔交易。她的很多在大出版社工作的朋友都认为她疯了,但其实她头脑很清醒。你看,超市开出的购买单价显然很低。再者,图书行业是以销售或退货为基础的。因此,所有没卖出去的书都会被退回,而且对方无须支付费用。对方订购了数千本书,所以最终可能会退回数千本书(这可能会吃掉她从这笔交易中获得的全部利润,而且还要倒贴)。大出版商也许能够冒这样的风险、承受损失,但她不能。

如果你在自己创业之前曾在大公司工作过,不要落入从大公司的角度看问题的陷阱。你要从自己的角度来分析每一笔交易,其中有一些看起来远远不像一开始时那样有利可图。

我再给你举个例子。每个行业、每个国家都有自己的法律、制度、立法、程序和监管要求。而所有这些都需要文书工作。一旦你开始经营自己的生意，你就会对"时间就是金钱"这句话的含义恍然大悟。当然，你不必亲自做文书工作，可如果你不做，就得付钱让别人来做。这件事花的时间越长，你的成本就越高。

一般来说，一旦你的公司的雇员人数、营业额水平或废旧材料的数量达到一定水平，就会有一些额外的程序（要了解这些程序，请查阅额外的文书工作）。有些供应商或客户会坚持要求你提供以前无须提供的文件；有些对外出口业务需要走复杂的行政程序，而有些国家则不需要；有些原材料需要你签订特殊协议。

你很容易被卷进这些事情，意识不到它们对行政方面的影响，然后发现自己被文书工作所困扰，不得不雇人处理这些事情（或者自己熬夜来试图解决这些问题）。

当然，这有时是值得的，但有时却不值得。所以，你需要考虑每一个变化所带来的行政工作的增加，这些变化包括增加员工、同意某个大客户的要求、使用新材料、出口到其他国家、购买公司自己的送货车辆，以及所有其他方面。

闪闪发光的并不都是金子。有些新合同最终会成为负担。所以，你可以对新的前景感到兴奋（自己做生意的一半快感便来源于此），不过在想清楚所有影响之前，不要点头答应。你要将那些无聊的对管理方面的影响都想到。一般来说，对这些交易反悔要比一开始就推掉它们难得多。

你要从自己的角度来分析每一笔交易。

法则 009

坚持自己的决定

很多创业者都很有创造性。这没有错。不过,有创造力的人可能没有组织性。对这一点的积极的看法是:他们充满活力、有机、多变,换言之,则是杂乱无章。

是的,蝴蝶式的思维,一会儿飞到这儿,一会儿飞到那儿:"我应该买这种花还是那种花?哦,那个看起来很漂亮!等等,也许刚才那个更好。"举个商业上的例子:"我想要做一本彩色小册子,哦,其实也许把它放在网上就行。不,也许我还是会把它打印出来。不过那样的话只有十二页。其实没准还是做一张海报更好……"

如果你能在几分钟内完成这个思考过程,然后确定要什么"花",那也很好。可一般并非如此。我告诉你一个秘密:大多数网页设计师都讨厌与初创企业合作。为什么?因为他们的想法一直变来变去。你给出了他们想要的东西,可他们又有了新想法,然后更改了要求。接着,他们又有了另一种想法。他们就这样变个不停。

我之所以告诉你这些，并不是因为我心疼网页设计师，想让他们生活得轻松一些。不，我想帮助的人是你。如果你总是改变主意，那会很烧钱，而你可能没那么多闲钱，所以当然要花在刀刃上。那些网页设计师可能会被你的反复无常弄得很恼火，不过他们最终会消气，因为他们只需让你为他们额外付出的时间买单就行。掏钱的人是你。

如果你不能确定一个方案，还会错过截止日期。首先，该网站将需要长得多的时间来启动和运行。同样受影响的还有其他的事情，从选择场地到组织企业的大型发布活动，以及让产品通过开发阶段。人们逐渐就会讨厌和你共事，因为你不断变动目标，他们无法继续工作。

我认识很多企业家，他们的员工真的很喜欢他们，但依然成群结队地离职，因为这些员工无法承受挫折和压力。多变的管理者会忘记告诉员工一些他们需要知道的事情，或者忘记提及要求已经改变。因此，一切都拉长了战线，供应商提高了价格，客户在等待新产品上线时也逐渐感到厌烦。

所以，要有创意（我知道，你就是忍不住）。总是有更好的想法，至少是更新鲜的想法，可你必须在某个时候对它们关上大门，把最终决定敲定下来，并开始把它付诸行动。从这时起，你就要相信自己的决定，并坚持下去，只对其进行微调就好了。

如果你总是改变主意，那会很烧钱，
而你可能没那么多闲钱。

法则
010

你的时间就是大家的时间

我曾经为一个人工作过。他有一个小公司，做得风生水起。这种公司的优势在于能够比市场上的大公司更快地做出决定。因此，他的业务快速增长。我刚开始为他工作时，公司里大约已经有了四十人。我在那儿待了一年，一年后公司里却不过六十人。而且其业务发展得太缓慢，以至于完全失去了优势。那么发生了什么？

老板犯了一个非常容易犯但却很致命的错误，那就是未能随着公司的发展而改变其管理风格。他仍然像刚开始创业时那样管理它。听着，如果公司只有五六个员工，你可以严密监视他们，并且签署所有文件。这是你的企业、你的钱，你得确保他们的决定是正确的。

问题是，如果一直这样做，随着业务的增长，你会越来越感到分身乏术。一家大企业会开展更多活动、做出更多决定、生产更多产品、召开更多会议。你不可能参与每一项工作，因为你没有那么多时间。你如何管理自己的时间会影响到整个公司的时间管理。

我之所以在那家公司只待了一年，是因为我无法忍受这种挫败感。而且我远不是唯一离开的人。他的员工开始大量流失。你看，我们像打仗似地找他签署某个文件，因为他忙于对所有人进行微观管理；他还会在最终做出决定后改变主意。所有这些都意味着我们无法干工作、错过了截止日期、让客户和供应商失望、支票花了很长时间才开出（对他来说，开支票似乎从来不像他的待办事项清单上的其他事情那样紧迫）。

一切都开始停滞不前。他是个可爱的人，我们都很喜欢他（他认识到了自己在拖慢进度，从不因为延误而责怪我们），可不知何故，他也从未对此采取任何行动。

那么，如果你的公司壮大了，你应该怎么做？我以前的老板应该怎么做？你身边需要有几个你信任的人（这至关重要），然后把权力下放给他们。与给别人打工相比，把自己公司的一些决定权交给别人要比你想象的难太多。可是，如果你想让自己的企业蓬勃发展，就必须这样做。你只需放手，把具体工作交给别人，然后把自己的全部精力放在全局、关键决定和发展方向上。你只需管理公司高层的关键人物，让他们去管理其他所有人。

一旦掌握了这项技能，你就可以让员工各司其职，让自己专注于特别重要的决定，让企业壮大、繁荣。

你如何管理自己的时间会影响到
整个公司的时间管理。

第四章

写在最后

好了，有关管理的法则讲完了。这是你的书。把它放在安全的地方，保守这个秘密。如果不让别人看到它，你什么都不用做就会领先一步。

我非常喜欢做管理者，无论是在别人的企业中还是自己创业。做管理者给我带来了巨大的满足感，有时也带来相当大的压力。不过，做管理者一直是一种冒险，总是令我激动。

多年以来，我发现了这些基本法则，我认为管理者周末培训课程上永远不会教这些法则。这些法则支撑着我度过了许多年，让我从一个卑微的初级管理者成长为自己公司的总裁。我希望它们也能为你服务。

对于这些法则，我并不指望你能全部学会、全部做到、全部同意。不过，你可以从这些有用的法则开始，走向有意识的决策、有意识的管理。它们绝不会让你变成一个讨好卖乖的人。

当我在为写作这本书而做研究时，我曾与许多其他管理者和企业家交谈，我想看看他们所遵循的秘密法则是什么。我惊讶地发现，很多人仍然在奉行"陷害他们、在背后捅他们一刀、往上爬"的思想。真的很可悲。他们都瘦弱不堪，看起来压力重重、心神不宁、无法放松。那些遵循本书法则的人则与其形成强烈反差，他们似乎更快乐、更轻松、更自洽，与员工在一起时更无拘无束；他们的员工也尊重他们，喜欢为他们工作、与他们共事。这样要好得多。

祝你好运！

做管理者一直是一种冒险，
总是令我激动。

第五章

其他不可错过的人生智慧

你知道，重要的事情很多，不仅仅是管理。如果你是个聪明人，就会想了解那些成功的人在方方面面的表现：生活、理财、工作、恋爱、育儿。幸运的是，我经过多年来的观察、提炼和筛选，已经将那些真正有用的东西总结成一条条方便的小法则。

我一直很担心，不想把这些法则延伸得太远，但在读者的强烈要求下，我已经涉足了那些影响我们所有人的重要领域。所以，在接下来的篇幅中，你会读到其他一些法则书中的"一条法则"。

让你的工作受到关注

在繁忙喧闹的办公室中，你的工作很容易被忽视。你在卖命地工作，不会刻意做些什么来提高个人地位、获得个人荣誉。但这很重要。你必须要出名，这样你才能脱颖而出，你的升职潜力才能得到实现。

要想做到这点，最好的方法就是摆脱标准的工作常规。如果你每天要加工那么多的零件（其他人也是如此），那么再多加工些零件也不会对你有太大好处。但是，如果你向上司提交一份报告，阐述一下如何能让每个人加工更多零件，你就会受到关注。主动向上司提交报告是一个让你脱颖而出的好办法。这显得你反应敏捷，而且积极主动。不过，这招不能用得太频繁。如果你让上司接二连三地收到你主动提交的报告，你的确会被上司注意到，但方式完全不对。你必须坚持以下法则：

- 只偶尔提交一份报告。
- 一定要确保你的报告能真正发挥作用（会给公司带来好处或利益）。

- 确保你的名字出现在显眼的位置。
- 确保报告不仅会被你的上司看到,也会被他的上司看到。

记住:不一定是报告,也可以是公司通讯中的一篇文章。

当然,要想让你的工作受到关注,最好的办法就是将工作做到极致。而要把工作做到极致,就需要你全身心地投入到工作中,心无旁骛。很多人名义上是在工作,其实是在跟别人钩心斗角、散布闲言碎语、耍手段、磨洋工、拉关系。

这些都不是工作。如果你能全神贯注地工作,那么跟其他同事相比,你就已经具备了更多优势。"法则玩家"会保持这种专注状态。要把全部心思都放在手头的工作上(你的业务能力很强),不要分心。

> 主动向上司提交报告是一个
> 让你脱颖而出的好办法。

任何人都可以成为富人——你只需努力

金钱的可爱之处在于它不分贵贱,不在乎你是什么肤色或种族、什么阶层、你的父母做什么,甚至你认为自己是谁。每一天都是一张干净的白纸,无论你昨天做了什么,今天都是新的开始。你和其他人一样,都有同样的权利和机会。唯一能阻碍你的,是你自己。

全世界的财富对每个人敞开,谁能拿多少,就拿多少。这不是很好理解吗?财富又不可能知道谁想拥有它,他们有什么资质和野心,或者属于哪个阶层。财富没有耳朵、眼睛或其他感官。它懒洋洋的、没有生命、不动声色。它对一切一无所知,就在那里等待着被人使用、花费、储蓄、投资、争夺,也等待着被人努力获取。财富没有歧视性,不能判断你是否"值得"拥有它。

我观察过很多富豪,他们的共同点就是没有任何共同点(当然,除了都是"法则玩家")。富豪这个群体很多样化,就连一些你认为最不可能成为富豪的人也在其列。富豪形形色色:有的斯文,有的粗野;有的精明,有的愚蠢;有的配得上,有的配不上。但他们中的每个人会都站出来说:"是的,请再给我一些。"

我们都认为穷人之所以穷，是受到他们的环境、背景及所受到的教育的制约。但是，如果你是个法则玩家，并生活在相对安全、舒适的世界中，那么你也有能力成为富人。成为富人可能很难，但并非做不到。你要遵循的法则就是：任何人都可以成为富人，你只需努力。努力就是一切。

你和其他人一样，都有同样的权利和机会。

没人非得跟你一样

曾经有个人的工位在我旁边，他喜欢桌面干干净净，我觉得完全没必要，毫无意义且折磨人。他将所有文件都码得整整齐齐，咖啡杯放在精致的小杯垫上，每支笔、打孔器和回形针都各就各位。这也贯穿于他的工作方式中：所有东西都必须在用完后立即归档，所有笔记都必须用对应颜色的笔来写，每封电子邮件都用颜色编码并存档，详细的待办事项清单都用编码标明优先级、紧急程度和重要性。

这让我抓狂。他不可能冲动地做任何事情，不可能在完成任务的过程中改变方向，不可能自发地提出后续想法。他也无法接受我把一份乱糟糟的文件丢在他那完美的方形文件阵列上。我曾经认为这很荒唐，认为他扼杀了自己的创造力，束缚了自己灵活应变的能力。

可是，我最终不得不承认会出现转折。如果突然发生紧急情况，你猜谁总是能先其他人一步找到相关的电子邮件？如果我们忘记了某项任务的某个重要组成部分，谁来提醒我们？谁总是带着全部文件和备用的副本准时出席每次会议，以防像我这样的人把文件落在自己桌上？

实话实说，在很长一段时间里，我看不起他，因为他不能像我一样出点子，也不能让别的部门为我们部门卖力，更不能自发地行动。不过，阻止他做这些事情的并不是他那张井井有条的办公桌。他不是那种人。这张桌子是他的标签，也是他的某种技能的标签（他这个技能和我的完全不同）。而且我逐渐意识到，他的技能至少和我的一样有价值。

我们几乎都认为自己的方式是最好的，而且有时候会为自己有这种想法而愧疚。我们还认为那些跟我们不一样的人是不对的（至少没我们正确）。我记得在大约十二岁的时候，我在一个朋友家过夜，发现他家使用的牙膏品牌与我们家的不同。我觉得他们实在太奇怪了，很明显我们家的牙膏是最好的品牌，否则我们就不会用它。那么他们为什么不用它呢？

所有这些，我知道你其实也明白，只是有时很容易忘记。当别人把我们逼疯了时，我们的第一反应是批评他们愚蠢、不理智或不讲理，而不是考虑他们的行为实际上是很合理的，只是恰恰不适合我们。可是，如果你想知人善用（为你，也是为他们），就必须坚定地承认：你不喜欢什么并不意味着它不好。一旦我最终接受了我的同事永远不会有一张像我的那样乱糟糟的桌子，而且这其实很正常，那么喜欢他、欣赏他就容易多了。

你不喜欢什么并不意味着它不好。